Johannes King

Süddeutsche Zeitung Edition · Bibliothek der Köche

Johannes King

Text: Ingo Swoboda
Fotografie: Bernd Grundmann

Süddeutsche Zeitung Edition Bibliothek der Köche

SYLT

Berlin

DIE BIBLIOTHEK DER KÖCHE

Dieter Müller & Nils Henkel **Bergisches Land**

Johannes King **Sylt**

Harald Rüssel **Mosel**

Martin Fauster **München**

Martin Göschel **Frankfurt**

Ali Güngörmüs **Hamburg**

Thomas Kellermann **Berlin**

Jörg Glauben **Pfalz**

Eric Menchon **Köln**

Alexander Herrmann **Oberfranken**

Frank Buchholz **Rhein-Main**

Tillmann Hahn **Mecklenburger Bucht**

Peter Maria Schnurr **Sachsen**

Bernhard Diers **Stuttgart**

Michael Fell **Oberbayern**

Thomas Bühner **Osnabrücker Land**

Andree Koethe **Mittelfranken**

Karl-Emil Kuntz **Mittlerer Oberrhein**

Johann Lafer **Hunsrück**

INHALT

Johannes King Leidenschaftlicher Gastgeber und kreativer Koch · 12
Sylt · 26

Vorspeisen

Kartoffel-Feuilleté mit Apfel, Bohnen, Wiesenkräutern und Sylter Matjes Filet · 38

Variation von der Sylter Makrele: · 41
Makrelentatar auf Stampfkartoffel mit Merrettich-Creme · 41
Gebratene Makrele · 41
Mariniertes Makrelenröllchen · 42
Geräucherte Makrele · 42
Carpaccio von der Makrele · 43

Sylter Royal Austern, verschieden roh mariniert: · 45
Austern mit Rotweinschalotten · 45
Austern mit Schnittlauch-Vinaigrette · 45
Austern mit Imperial Kaviar · 45
Austern im Brunnenkresse-Gelee · 45
Austern-Tatar · 45
Austern mit Apfel, Gurke und Ingwer · 45

Vorspeisen Trio: · 46
Gänsestopfleber-Törtchen mit Schalottenkompott und grünen Mandeln · 46
Croustillant von der Königskrabbe auf Rübchenkompott und Krustentierjus · 48
Gebratene Meeräsche auf Quellern und kleinen Meeresschnecken · 49

INHALT

Suppen

Cremesüppchen von Sylter Meeresschnecken mit geröstetem Senfbrot — 55

Cremesüppchen von grünem Curry mit Limonenblättern und gebackenen Blaumuscheln — 56

Kleine Suppen-Arie: — 59
Hummersüppchen — 59
Spinatcreme-Süppchen — 60
Pfifferlings-Consommé — 60
Geeistes pikantes Gemüsesüppchen — 61

Wildkräuter-Cremesuppe mit Kartoffel-Kaviar-Lasagne — 62

Wiesenchampignon-Rahmsuppe — 65

Fisch und Krustentiere

Gebratene Meerforelle auf Blumenkohlgemüse mit Kopfsalat-Cremesauce — 69

Kabeljau auf Kartoffel-Olivencreme mit geschmorter Paprika und Erdnüssen — 70

Steinbutt an der Gräte gegart mit pikantem Gemüse-Couscous — 73

Hornhecht mit Stampfkartoffeln und Krabbensud — 74

Gebratene Meeräsche auf Quellern mit Wiesenkräutersalat und Austern-Béarnaise — 77

Jakobsmuschel auf jungem Zwiebellauch mit grünem Apfel und leichter Cidresauce — 78

INHALT

Fleisch

Gefülltes Kaninchen mit Kraut und Rübchen	83
Maibock mit Gewürzpaste mit Röstkaffeesauce, Erbsencreme und gepfefferten Aprikosen	84
Kross gebratener Kalbsbauch mit Sellerie und Trompetenpilzen	87
Rosa gegarter Tafelspitz vom Sylter Weiderind mit Schmorgemüse	88
Salzwiesen-Lammkarree mit geschmorten Schalotten	91
Salzwiesenhuhn auf gebratenen Champignons mit Wildkräuterspinat und Leinöl	92
Gesottenes Hühnchen mit geschmorten Karotten und Petersilien-Vinaigrette	95

Gemüse

Kartoffelravioli mit Schafsfrischkäse und Oliven mit Tomaten-Pinienkern-Vinaigrette	99
Artischockensalat mit knusprigen Brotscheiben und Strandportulak	100
Nudelrisotto mit gehobeltem grünen Spargel	103
Kleine Pfifferlings-Arie:	104
Pfifferlings-Lasagne	104
Grießnocken mit Pfifferlingen à la creme	106
Pfifferlings-Ravioli	106
Marinierte Rote Bete mit Arganöl, Meersalz und gehobeltem Schafshartkäse	108
Pikante eingelegte Kirschtomaten	111

INHALT

Desserts

Maiseis auf Kaffeegelee und Knusperblättern — 115

Friesischer Brot- und Butterpudding mit Backpflaumenragout und Vanillesauce — 116

Ragout von Banane, Ananas und Ingwer mit Piña Colada-Sorbet — 119

Warmer Walnussauflauf mit Ebereschenpüree und Sylter Heidehonig-Eis — 120

Dreierlei gebrannte Creme von der Ziegenmilch — 123

Walderdbeereistöpfchen mit Rieslingsekt — 124

Register — 126

JOHANNES KING

Leidenschaftlicher Gastgeber und kreativer Koch

Das Leben schreibt immer noch die schönsten Geschichten und es hält so manche Überraschung bereit, die aus Zufällen und unerwarteten Begegnungen eine Erfolgsstory werden lässt. Koch wollte Johannes King eigentlich nicht werden und die Insel Sylt war ihm lange Jahre so fremd, dass er nicht im Traum daran dachte, auf Deutschlands bekanntester Ferieninsel zwischen Dünen und Nordsee einmal kulinarische Akzente zu setzen. Dass er heute zu den bekanntesten und besten Köchen der Republik gehört, war dem Jungen aus dem Schwarzwald nicht in die Wiege gelegt.

Aufgewachsen ist Johannes King zusammen mit neun Geschwistern in Heiligenbronn, einem kleinen Dorf unweit von Freudenstadt. Es war eine glückliche und behütete Kindheit, auf die King gerne zurückschaut, und bis heute ist für ihn das Elternhaus im Schwarzwald ein kleines Stück heile Welt und ein Refugium der Ruhe, in dem er, wenn es die Zeit zwischen seinen vielen Terminen zulässt, mit seiner Familie Urlaub macht. Das Leben auf dem elterlichen Bauernhof führt King schnell in die Verantwortung, der Arbeits-Rhythmus, den Natur und Tiere vorgeben, erforderte von allen Kindern Disziplin und Fleiß, aber auch Organisationstalent und Durchsetzungskraft. Mit sechs Jahren hat er seinen ersten Job, trägt morgens vor der Schule bei Wind und Wetter im Ort die Zeitungen aus. Schon früh erkennt er, dass man auf eigenen Füßen am besten steht und dass persönliche Freiheit erarbeitet werden muss. Denn

JOHANNES KING

zehn Kinder bedeuteten zu Hause Bescheidenheit und Verzicht, aber King spürt darin auch die tiefgehende Bodenständigkeit, die die Familie mit der Landschaft und deren Produkten verbindet. Neben Fleisch, Wurst, Schinken und geräuchertem Speck aus Eigenproduktion gibt es täglich frische Milch, Marmelade aus den Früchten des Gartens und Honig von eigenen Bienen. Sonntags wird frischer Kuchen aufgetischt, meist ein dampfender Hefezopf, den die Mutter gebacken hatte. Johannes King erfährt in dieser einfachen, aber herzlichen Welt eine von den Eltern vorgelebte geradlinige Lebenslust, die ihn nachhaltig prägt und ihn bis heute in seiner Arbeit beflügelt und seine Kreativität inspiriert. Seine Leidenschaft für das Kochen resultiert zu einem guten Teil aus dieser unbändigen Lust am Leben, obwohl er am heimischen Herd noch nicht den Drang verspürte, Koch zu werden. Und so war denn auch sein Weg in die Welt der Kochkunst mehr ein Zufall als eine angestrebte Karriere.

Karriere jenseits der Tannen

Geplant hatte der junge King allerdings seinen Weg in die „große weite Welt", die er jenseits der dunklen Tannen und grünen Wiesen seiner Heimat vermutet. Der Schlüssel zur ersehnten „Landflucht" ist die Lehre, doch Kings eigentlicher Wunsch, Glasbläser zu werden, zerplatzt sehr schnell, da alle Lehrstellen zum Bewerbungszeitpunkt bereits besetzt sind. Sein Vater vermittelt ihm als Alternative eine Kochlehre im Ringhotel Johanniterbad in Rottweil, führt für seinen Sohn das kurze Vorstellungsgespräch und nach einigen Minuten ist es beschlossene Sache: Johannes King wird Koch!

Restaurant-Kultur auf höchstem Niveau: Kreativität und Qualität nicht nur in der Zubereitung, sonder auch in der Präsentation

Für den sechszehnjährigen Jungen war es der sprichwörtliche Sprung ins kalte Wasser, denn was sich hinter einer Kochlehre verbirgt und was ihn in der Küche erwartet, davon hatte King nicht die leiseste Ahnung. Das kleine Hotel hoch über dem Festungsgraben der historischen Stadt Rottweil, das seit 1929 von Familie Maier geführt wird, ist die erste Station im Kochleben von Johannes King, und seine Lehre führt ihn in die Bodenständigkeit einer Landküche, die weniger kreativ, dafür sehr saisonal und regional orientiert ist. Die Chefin Irmgard Maier, eine gestandene Frau und leidenschaftliche Köchin, führt King mit strenger Hand, aber auch mit liebevollem Verständnis in die hektische Welt einer Restaurantküche ein. Exaktes Timing und präzises Arbeiten sind genauso wichtig wie die Erfahrung, auch unbequeme und ungeliebte Arbeiten verlässlich zu erledigen, um die Teamarbeit der Küche nicht aus dem Rhythmus zu bringen und damit zu gefährden.

JOHANNES KING

Bonjour Savoir Vivre

Kings Lehre wäre wahrscheinlich zwischen hausgemachten Maultaschen und Zwiebelrostbraten verlaufen, wäre nicht eines Tages Jean Berteau aufgetaucht. Der junge Franzose bringt neuen Schwung in die gut bürgerliche Küche, verfeinert die traditionellen Rezepte des Hauses und arrangiert die Speisen auf den Tellern. Für Johannes King ist das Neuland,

Der Mann aus den Bergen: Der Schwarzwälder Johannes King schätzt den Reichtum des Meeres und verarbeitet am liebsten frisch geangelte Fische

aber er fängt an, sich für die Kochideen des französischen Kollegen zu interessieren, dem es nicht nur um die Zubereitung von Essen ging, um die Gäste satt werden zu lassen, sondern der die Eigenarten der Produkte hinterfragte und entsprechend die Kochtechniken anpasste, um die individuellen Feinheiten der Produkte geschmacklich auf die Teller zu bringen. Jean Berteaus Kochphilosophie ist der Schlüssel, mit dem Johannes King den Zugang zur feinen Küche findet. Plötzlich versteht er, dass Kochen weit über das Handwerkliche hinausgeht und einer erfinderischen Erregtheit und Kreativität bedarf, um aus unterschiedlichen Komponenten und verschiedenen Arten der Zubereitung den reinen Geschmack herauszufinden und zu erhalten. Doch die Suche nach diesen komplexen Geschmackwelten verlangt nach dem leidenschaftlichen Schwung, der die mühsame Arbeit des Kochens zu einem wirklichen Vergnügen macht.

Johannes King spürt diese kochende Leidenschaft in sich wachsen, gleichzeitig die unbändige Neugier, aus der bürgerlichen Küche auszubrechen, um neue Geschmackswelt kennen zu lernen und seine handwerklichen Fähigkeiten auszubauen. Ausgestattet mit einer grundsoliden Ausbildung wechselt King nach seiner Lehre in das Restaurant von Franz Keller nach Köln. Keller, der aus einer bekannten badischen Gastronomen- und Winzerfamilie in Oberbergen stammt und einige Zeit bei Paul Bocuse in Frankreich gearbeitet hat, gehört in jener Zeit zur deutschen Spitzenriege. In seinem Kochstil sehr französisch, ist er für den jungen wissbegierigen King genau die richtige Station nach der Lehre, um seine Handschrift und Kochtechniken zu verfeinern. Nach einem Jahr in Kellers Küche zieht es Johannes King nach Wien in die legendäre Kurkonditorei „Oberlaa" von Karl Schuhmacher. Unter seiner Anleitung gewinnt er faszinierende Einblicke in die hohe Kunst der Patisserie und lernt, wie aus relativ weichen Konsistenzen kleine süße Kunstwerke entstehen.

Nach Wien kocht Johannes King ein Jahr lang unter Henri Levy im legendären Restaurant „Maître" in Berlin, danach wechselt er ins Restaurant „Zum Hugenotten" ins Hotel InterContinental, kocht eine Sommer-Saison im „Hotel de la Poste" im burgundischen Saulieu und kehrt 1989 nach

Berlin zurück, um im neu eröffneten Restaurant „Grand Slam" des LTTC-Rot-Weiß als Küchenchef zu arbeiten. In Berlin wird in jenen Tagen deutsche Geschichte geschrieben. Im November 1989 fällt die Mauer, die ganze Stadt ist im Aufbruch und auf dem Weg, nach langen Jahren der Teilung nicht nur Hauptstadt, sondern eine internationale Metropole zu werden. Auch die Gastronomie und Hotellerie profitieren von der Aufbruchstimmung, das „Grand Slam" boomt und die Restaurantkritiker nehmen zunehmend Notiz von Johannes King, der sich mit seiner feinen, französisch inspirierten Küche erste Meriten verdient. Doch King ist schon auf dem Sprung zu neuen Ufern, bei aller Akzeptanz und Anerkennung, die seine kulinarischen Leistungen in Berlin erfahren, träumt er von einem ländlichen Gasthaus im besten Sinne des Wortes, an dessen Wegesrand die Steinpilze aus dem Boden sprießen. Für den umtriebigen King ist es an der Zeit, der boomenden Stadt den Rücken zu kehren, um neue Herausforderungen zu suchen.

Abenteuer Norden

Dass diese Herausforderung ausgerechnet auf der bekanntesten deutschen Nordseeinsel liegen wird, hat der Koch aus dem kleinen Schwarzwalddorf bei Neustadt nicht auf der Rechnung. Sand und Dünen, ein tosendes Meer und keine Wälder und Berge, soweit das Auge reicht: Das sind für Johannes King alles andere als überzeugende Argumente, um die nächsten Jahre auf Sylt zu verbringen. Doch Alfred Weiss, damals Vorstandvorsitzender der Dorint-Hotelgruppe, kennt den quirligen Koch nur zu gut und weiß um seine Neugier, gerade schwierige Aufgaben anzunehmen und mit Kraft und Ausdauer an-

Sylter Spezialitäten: Was direkt vor der Haustüre des Söl'ring Hofes gefangen wird, kommt in unterschiedlichster Zubereitung frisch auf die Teller

JOHANNES KING

zupacken. Es geht um das Projekt „Söl'ring Hof" in Rantum, ein heruntergekommenes und teils versandetes Haus, das seit 1995 unbewohnt in den Dünen steht und das Alfred Weiss mit Kings Hilfe zu einem Schmuckstück der Gastronomie und Hotellerie auf der Insel machen will.

Als sich King an einem kühlen Septembertag 1997 zum ersten Mal in Richtung Sylt aufmacht, betrachtet er die Reise nur als Episode, eine Premiere mit finalem Charakter und ohne Wiederholungsgefahr. Ohnehin ist auf dem flachen Eiland von Steinpilzen nichts zu sehen. Doch die Neugierde auf das Unbekannte hat für King auch etwas Spannendes. Dem Reiz, nach Berlin etwas Neues zu wagen an einem Ort, der zwar eines der begehrtesten Reiseziele der Republik ist, aber dennoch Ruhe und eine erholsame Einsamkeit zulässt, muss er einfach nachgeben. Die ersten Wochen auf der Insel sind nicht leicht, das Projekt „Söl'ring Hof" startet quasi bei null und erfordert vollen Einsatz. Jedes Detail muss geplant werden und die Erwartungen an Johannes King als zukünftigen Koch und Gastgeber im Söl'ring Hof sind nicht nur auf der Insel groß.

Reif für die Insel

Doch King hat es geschafft. Heute gehört der Söl'ring Hof, der im Mai 2000 eröffnet wird, als Hotel und Restaurant gleichermaßen zu den ersten Adressen der Insel. Es ist ein gastliches Haus geworden, in dem der Luxus unaufdringlich ist und in dem alle Mitarbeiter dem Gast das Gefühl geben, tatsächlich angekommen zu sein, zu Hause zu sein. Nur ein bisschen bequemer und vielleicht auch ein bisschen umsorgter, aber auf jeden Fall in den besten Händen.

Neben seiner Gastgeberrolle ist Johannes King natürlich Koch geblieben, einer der mit Kreativität und der vor allem gerne arbeitet. King und sein Team lassen sich bei ihrem Handwerk von einem leidenschaftlichen Schwung mitreißen, ohne sich ausschließlich auf die etablierte Routine zu stützen. Der Gast kann das in der offenen Restaurant-Küche beobachten. Was die King-Mannschaft auf die Teller bringt, kann nicht ausschließlich aus dem regionalen Angebot der Insel bedient werden, aber ein guter Teil ist sozusagen „Made in Sylt": Gemüse, Salzwiesen-Hühner und Lammfleisch bezieht King

JOHANNES KING

weitgehend von der Insel, die Wildenten kommen von Föhr, die Meeräschen und Makrelen von der Freiwilligen Feuerwehr Rantum, die eigene Stellnetze unterhält, essbare Algen und Meeresschnecken werden im Watt gesammelt und fast vergessene Kräuter am Wegesrand gepflügt. Und dann sind da natürlich noch die Austern, die legendären Sylter Royal. Für Johannes Kling sind Produkte, die einen kurzen Weg zum Koch haben und vielleicht gar kein Kühlhaus sehen müssen, die beste Basis für eine frische Küche mit regionalen Akzenten. Nur die kulinarische Vielfalt aus aller Welt auf die Teller seiner Gäste zu bringen, entspricht nicht seiner Idee von Spitzengastronomie. Schließlich würde das überall gelingen. King will mehr, er möchte die markante Landschaft der Insel, ihren Flair und auch ihren Mythos zur Schau stellen: natürliche Produkte in ihrer ganzen Artenvielfalt und Unterschiedlichkeit, harmonisch zusammengeführt aus der Idee heraus, auch mit Konventionen und Traditionen zu brechen, neue Intensitäten herauszuarbeiten, Gewohntes zu kaschieren, Geschmack prominent zu machen oder zurückzunehmen. Kochen als Überraschungsmoment in der Raffinesse der Zubereitung. Das ist King, das

ist sein Ziel im Söl'ring Hof, Geschmackskultur zu zelebrieren, nicht theatralisch, aber nachhaltig. Gelingt dies, dann erfährt der Gast etwas von jener Leidenschaft, die Johannes King für das Kochen empfindet und die ihm immer wieder Lust auf Neues und Lust aufs Leben macht. Vielleicht ist Sylt dafür das beste Umfeld, eine Insel, die trotz ihrer Popularität immer wieder ein Stück individuelle Freiheit zulässt und die trotz des Rummels auch jene Stille ausbreitet, die für Johannes King Sylt dem Schwarzwald so nah macht.

Handwerk mit Leidenschaft: was abends den Gästen schmecken soll, muss sorgsam vorbereitet werden. Dazu ist Teamarbeit in der Küche und handwerkliches Geschick am Produkt gefordert

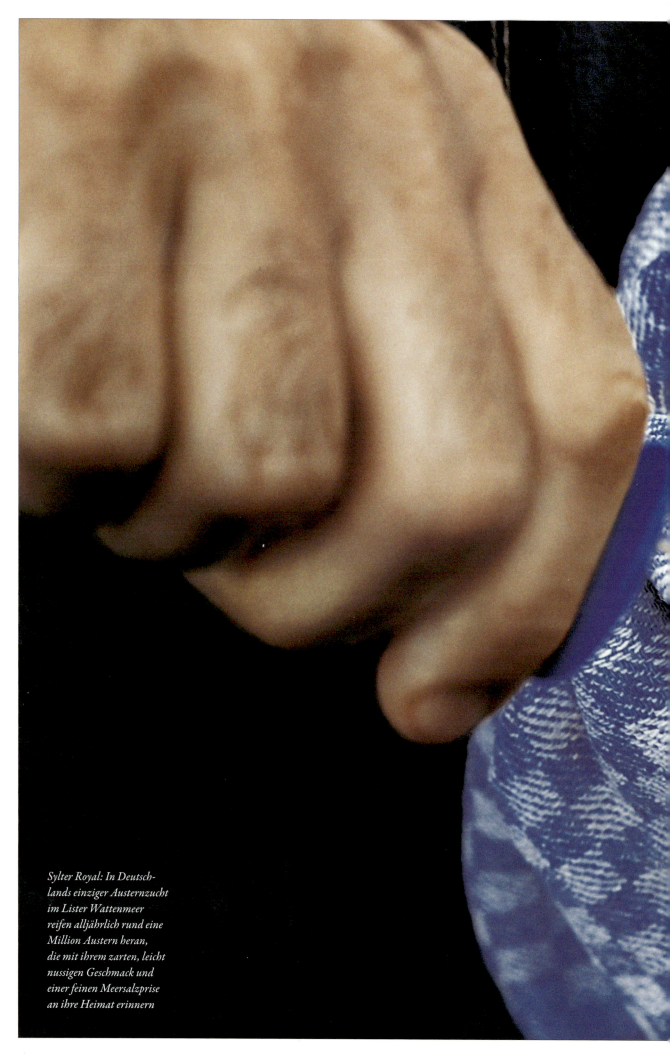

Sylter Royal: In Deutschlands einziger Austernzucht im Lister Wattenmeer reifen alljährlich rund eine Million Austern heran, die mit ihrem zarten, leicht nussigen Geschmack und einer feinen Meersalzprise an ihre Heimat erinnern

SYLT

Phänomen Sylt

Nur wenige Orte in Deutschland üben eine solche Faszination aus wie die größte der deutschen Nordseeinseln und viertgrößte Insel Deutschlands, die trotz ihrer Popularität ein Stück individuelle Freiheit zwischen Dünen und Meer garantiert und die neben dem Touristen-Rummel auch eine spürbare Stille ausbreitet und Einsamkeit zulässt. Trubel und Abgeschiedenheit, Tagträume und Nachtleben liegen auf der Insel dicht beieinander, Sylt ist ein Ort der Gegensätze und Widersprüche, ein Ort, der von diesem Spannungsverhältnis lebt und darin seinen unwiderstehlichen Charme zeigt.

Die Insel verlangt von ihren Besuchern Aufmerksamkeit, gleichzeitig Langmut und Geduld. Wer mit dem Auto anreist, muss mit dem Verladezug über den Hindenburgdamm rattern, der seit 1927 die Insel direkt mit dem Festland verbindet. Wartezeiten an der Verladestation sind die Regel und es scheint, als ob die Insel damit ihre Besucher auf eine Geduldsprobe stellen möchte, ein letztes Hindernis auf dem Weg nach Sylt, das nicht am Wegesrand liegt, sondern exklusiv selbst die Richtung vorgibt. Doch wer sich auf den Weg macht und sich auf die Insel einlässt, spürt den Mythos, der die Insel umgibt und dem sich kaum einer entziehen kann. Die Leidenschaft für Sylt reift mit Bedacht, aus anfänglicher Skepsis wird Begeisterung, dann Liebe, die selbst in den grauen Monaten schlechtes Wetter und eine raue und abweisende Nordsee, die mit unbändiger Wucht auf die langen Sandstrände peitscht,

SYLT

Ruhe zwischen Dünen und Meer: trotz ihrer Popularität garantiert Sylt ein Stück individuelle Freiheit und lässt neben dem Touristen-Rummel auch eine spürbare Stille und Einsamkeit zu

verzeiht. Jedes Jahr holt sich das Meer während der Herbst- und Winterstürme einen Teil des mühsam aufgeschütteten Sandes zurück, doch die Insel verliert dabei nichts von ihrer Anziehungskraft.

Faszination der Gegensätze

Denn Sylt, das an seiner schmalsten Stelle nur 600 Meter breit ist, hat immer Saison. Die Fangemeinde schätzt die unterschiedlichen Facetten und vielen Gesichter der Insel, die sich dem Besucher nicht auf den ersten Blick erschließen, die entdeckt werden wollen und in ihrem Zusammenspiel den besonderen Charakter von Sylt ausmachen: die raue Brandung an der Westseite, das stille Wattenmeer im Osten, die urwüchsigen Dünen und grünen Deiche, die blühende Heide, die langen Sandstrände und majestätischen Kliffs. Rund die Hälfte der Inselfläche wie die Geestheide, die Dünenlandschaft und die Vorlandgebiete stehen unter Schutz. Das ausgedehnte Wattengebiet zwischen Sylt, der dänischen Grenze und dem Hindenburgdamm ist das drittgrößte Naturschutzgebiet Deutschlands und zugleich „Europareservat", für viele Wasservögel ist es Rast-, Brut- und Nahrungsgebiet. Rund 50 Kilometer Wanderwege und ein 200 Kilometer langes Radwandernetz laden zu ausgedehnten Ausflügen in die facettenreiche Natur ein.

„Sie ist nie dieselbe und doch stets unverkennbar die Insel. Wie sie sich darbietet, das ist in keinem Augenblick nur ihre eigene Natur, immer ist auch etwas anderes dabei. Wer Erinnerungen an viele Orte in den verschiedenen Zonen der Erde mitbringt, der kann sich auf der Insel in einer homerischen Bucht oder auf einem schottischen Moor, in einem hochgelegenen Gebirgstal oder in der Sahara, in einem norddeutschen Dorf des 16. Jahrhunderts oder, wie jemand versicherte, sogar unter dem tibetanischen Himmel wiederfinden ..." schwärmte Verleger Peter Suhrkamp von „seiner Liebe Sylt". Bereits zu Beginn des 20. Jahrhunderts war Sylt ein begehrtes Reiseziel für Künstler, Dichter und Schriftsteller, lang ist die Liste derer, die auf der Insel nicht nur Ruhe vor dem Alltagsstress suchten, sondern auf Sylt Inspirationen für ihre Werke fanden. Dieser Tradition folgen heute die zahlreichen kulturellen Angebote in den zwölf Ortschaften der Insel: Literatursommer und Klassikwerkstatt, Meerkabarett und Inselcircus und das „Sylt-Festival Morsum" sind anspruchsvolle Veranstaltungen, gleichzeitig unterhaltsame Sahnehäubchen für die schönsten Wochen des Jahres.

*Sylter Wahrzeichen:
zu tausenden stehen in den
Sommermonaten
die typischen Strandkörbe an
den ausgedehnten
Sandstränden der Insel*

SYLT

Sylt ist ein eigener Kosmos, ein bisschen heile Welt mit Kultstatus. Hier kann einem nicht die Decke auf den Kopf fallen, denn über der Insel scheint der freie Himmel besonders hoch, die Luft klarer und der Wind, der über die kühle Nordsee auf die Insel bläst, frischer zu sein als anderswo. Geografisch auf der gleichen Höhe wie die englische Stadt Newcastle, die sibirische Stadt Omsk und der Südzipfel Alaskas, ist das ausgeprägte Sylter Reizklima mit seiner relativ kühlen, mineralsalzhaltigen und keimfreien Meeresluft atlantisch geprägt. Auf Sylt kann man im wahrsten Sinne des Wortes auf- und durchatmen, „Sylter Luft ist wie Champagner", heißt denn auch ein Slogan, der das Klima treffend umschreibt. Sylt tut einfach gut, auch wenn eine steife Brise über das Meer fegt. Dennoch ist Sylt eine Sonneninsel, mit jährlich durchschnittlich 1 750 Stunden scheint die Sonne hier länger als in Hamburg. In der Sommer-Saison stehen mehr als 11 000 Strandkörbe an den ausgedehnten Sandstränden.

Ein Dorado für Feinschmecker

Die Einmaligkeit von Sylt spiegelt sich auch im gastronomischen Angebot der Insel wider, das auf engstem Raum alle Geschmäcker und Erwartungen bedient: von der einfachen und gemütlichen Friesenkneipe über das legendäre Strandlokal mit Kultstatus bis hin zum ausgezeichneten Gourmet-Tempel mit Blick aufs Meer, die gastronomische Vielfalt der Insel lebt in rund 200 Lokalitäten. Was Sylt für Feinschmecker, Gourmets und Gourmands oder für denjenigen bietet, der einfache, gute Hausmannskost sucht, ist eine bunte Mischung aus regionalen und saisonalen Produkten, ergänzt durch Küchenklassiker der „Haute Cuisine". Auf Sylt findet jeder das Passende für seinen Geschmack und den entsprechenden Geldbeutel.

Natürlich kann das ganze Küchenprogramm, das vor allem die Sylter Spitzengastronomie anbietet und das entsprechend die Gäste erwarten, nicht ausschließlich aus dem regionalen Angebot der Insel bedient werden. Schnelle Transportwege und optimierte Kühlmöglichkeiten lassen auch auf Sylt dem Gastronomieangebot genügend Spielraum, Regionales mit Internationalem zu verbinden und zu vermischen, gerade darin liegt ein wichtiger Teil der Kunst des Kochens. Aber es gibt auf Sylt eine ganze Reihe an Spezialitäten und regionalen Besonderheiten, die kulinarisch anpassungsfähig sind und sowohl in die einfache Landküche passen, als auch Eingang in die „Haute Cuisine" gefunden haben. Und ein Produkt, das einen kurzen Weg zum Koch hat, das vielleicht gar kein Kühlhaus sehen muss, ist per se schon prädestiniert, als gutes Produkt angenommen zu werden. In welche Richtung letztendlich die geschmackliche Reise geht, entscheidet der Koch, an dessen handwerklicher Individualität sich das Produkt und die daraus resultierende Qualität der Zubereitung messen lassen muss.

Fische, Meerestiere und Austern

Die Nordsee spielt als Lieferant von Fischen und Meerestieren die unbestrittene Hauptrolle im kulinarischen Angebot der Insel, ganz oben auf den Speisekarten rangieren regionale Fischspezialitäten in allen Variationen. Vor allem Scholle und Seezunge kommen in verschiedenen Zubereitungsarten auf die Tische der Sylter Gastronomie, aber auch Meeräschen und Makrelen werden in den Restaurants

SYLT

der Insel angeboten. Sogar die Freiwillige Feuerwehr Rantum beteiligt sich aktiv an der „Fischversorgung" und unterhält eigene Stellnetze. Ein Teil dieser fangfrischen Spezialitäten wandert direkt und ohne Umwege in die Küche des Söl'ring Hofes und werden von Johannes King und seinem Team auf Quellern – das sind essbare Algen – mit Wiesenkräutersalat und Austernbearnaise oder als Variationen von der Makrele den Gästen serviert. Eine besondere Fischspezialität sind die Sylter Matjes, die in der Spitzengastronomie ebenso ihren Platz haben wie in der Fischbude an der Strandpromenade, wo sie im knusprigen Brötchen auf die Hand verkauft werden.

Miesmuscheln, in einem Sud aus Porree, Sellerie, Möhre, Petersilie, Zwiebeln und Weißwein gekocht und mit Weißbrot serviert, gehören ebenso zur Sylter Küche wie die Meeresschnecken aus dem Watt und die legendären Krabben, die auf kaum einer Speisenkarte fehlen. Wenn in den Häfen von List und Hörnum die Krabbenkutter einlaufen, dann gibt es die kleinen Meerestiere so frisch wie nirgendwo sonst auf dem Festland. Sylt pur, der unverfälschte Geschmack des Meeres.

Und dann sind da noch die Sylter Austern, ein bemerkenswertes Produkt. In Deutschlands einziger Austernzucht im Lister Wattenmeer reifen alljährlich rund eine Million Austern heran, die unter der Bezeichnung „Sylter Royal" bekannt sind. Die Austernfischerei hat auf den nordfriesischen Inseln Tradition, in früheren Zeiten wurden die Austern mit Schleppnetzen vom Wattboden gefischt. Eine mühsame Arbeit, die auf den kleinen, wendigen Segelbooten den ganzen Mann forderte. Heute wird die Sylter Royal in Netzsäcken, so genannten „poches", auf Eisentischen befestigt, damit sie bei starker Strömung, Gezeitenwechsel oder Sturm nicht weggespült werden. Knochenarbeit ist das Austerngeschäft dennoch geblieben, bei Wind und Wetter stehen die Männer im Watt um ihre Sylter Royal zu pflegen und gegen die Naturgewalten zu schützen. Ebbe und Flut bestimmen dabei den Arbeitsrhythmus. Die Netze müssen regelmäßig durchgerüttelt werden, damit die Austern von Algenbewuchs befreit werden und nicht zusammenwachsen. Eine gleichmäßige Form und Beschaffenheit der Schale, dazu ein Mittelgewicht von rund 80 Gramm erfordern eine ständige Durchsortierung und Kontrolle. Die kalten nordfriesischen Winter mit Eisgang im Wattenmeer verbringen die Sylter Royal in Meerwasserbecken, versorgt durch eine Seewasserleitung in Dittmeyer's Austern-Compagnie in List.

Wer die Arbeit der Austern-Männer einmal gesehen hat, der bekommt ein völlig neues Austerngefühl und sieht, dass hier nichts im goldenen Netz wächst, dass die Natur ziemlich rau und erbarmungslos mit ihren Produkten umgehen kann, sie Mühsal und harte Arbeit vor den Genuss stellt. Nach dieser Erfahrung bekommt auch das Wort Luxusprodukt eine neue Dimension, und es wird deutlich, dass der Maßstab eines jeden Produktes die Qualität und nicht der Preis ist. Und die Qualität der Sylter Royal ist eine ganz besondere. Die Auster erreicht während ihres Wachstums einen mit 20 Prozent des Gesamtgewichtes kaum zu übertreffenden Fleischgehalt und verfügt über einen zarten, leicht nussigen Geschmack mit jener feinen Meersalzprise, die an ihre Heimat erinnert. Ob klassisch pur mit einem Spritzer Zitrone, roh mariniert mit verschiedenen Zutaten und Vinaigrettes oder luxuriös verfeinert mit Imperial Kaviar; Sylter Austern bleiben ein regionales Produkt, gleichzeitig ein kulinarisches Aushängeschild dieser außergewöhnlichen Insel.

SYLT

Frischfleisch und Friesenklassiker

Doch natürlich gibt es neben den Spezialitäten aus dem Meer auch ausreichend „Fleischeslust" auf Sylt. Rund 3000 Schafe weiden auf der Insel, die so genannten Salzwiesen- und Deichlämmer gelten als besondere Delikatesse. Den aromatischen und feinwürzigen Geschmack ihres Fleisches verdanken sie den Gräsern und Sträuchern auf den Wiesen, die durch den Einfluss des Meeres und der Seeluft stark salz- und jodhaltig sind. Auch die schmackhaften Hühner von den Salzwiesen sind eine Sylter Spezialität, ihr Fleisch, verfeinert mit den Wiesenkräutern, die wild am Wegesrand wachsen, ist zart und würzig.

Doch was wäre Sylt ohne die profunden friesischen Klassiker? Der Labskaus, ein altes Seemannsgericht aus Pökelfleisch, Kartoffeln, Klarer Brühe, Salz und Pfeffer ist auf der Insel heute noch weit verbreitet. Serviert wird Labskaus mit Spiegelei, Rote Bete und Gurken. Auch der Grünkohl gehört zu den Traditionsgerichten des Nordens, die würzige, süßlich-herbe Kohlart wird mit Kartoffeln, Kochwurst, Kasseler und Schweinerippchen gereicht. Wer auf Sylt statt Bier oder Wein lieber zu Wasser greifen möchte, der kann sich aus der „Sylt-Quelle" in Rantum bedienen. Denn unter der Insel, die ganz von Salzwasser umgeben ist, sprudelt Trinkwasser in bester Qualität mit einem hohen, natürlichen Jodgehalt.

Gutes Wasser ist auch die Grundlage für das friesische Nationalgetränk Tee, der nicht nur im Herbst und Winter auf der Insel Saison hat. Richtig gebrüht, verspricht er morgens wie abends aromatischen Genuss, wobei die Sylter Teegeschäfte ihren Kunden unter mehr als 300 Sorten die Qual der Wahl bescheren. Wenn es richtig kalt wird und die Winterstürme über die Insel fegen, dann ist Zeit für den Grog. Der nordische Klassiker besteht aus heißem Wasser, in dem Zucker aufgelöst und Rum dazugegeben wird. Ein alter friesischer Wahlspruch über den Grog lautet: Rum muss, Zucker kann, Wasser braucht nicht ...

Sylt hat immer Saison:
Sie ist nie dieselbe
und doch stets
unverkennbar die Insel

Vorspeisen

Kartoffel-Feuilleté
Variation von der Sylter Makrele
Sylter Royal Austern
Vorspeisen Trio

Kartoffel-Feuilleté

mit Apfel, Bohnen, Wiesenkräutern
und Sylter Matjes Filet

1. Die Kartoffeln in hauchdünne, längliche große Scheiben schneiden und in Erdnussöl knusprig frittieren. Man benötigt pro Person 4 Kartoffelblätter.

2. Die Schnippelbohnen waschen, in längliche Rauten schneiden und in kräftig gewürztem Salzwasser so lange kochen, bis sie nur noch wenig Biss haben. Nach dem Kochen sofort in Eiswasser abschrecken und abtropfen lassen. Den Apfel waschen, schälen und achteln. Die Apfelstücke feinblättrig schneiden und zur Seite stellen. Den Speck in ganz dünne Streifen schneiden und in einer Pfanne so lange erhitzen, bis er schön kross ist. Nun die fein gewürfelten Schalotten dazugeben und mitrösten, bis sie eine leicht bräunliche Farbe annehmen. Zusammen mit dem Speck entwickeln sie so ein karamellähnliches wunderbares Aroma. Nun die Bohnen und den feinblättrigen Apfel dazugeben und kurz mitschwenken, leicht salzen und pfeffern und mit ein wenig frisch gehacktem Giersch vermengen.

3. Die Wildkräuter waschen, trockenschleudern, dann mundgerecht zupfen und mit Traubenkernöl, Zitrone, Salz, Zucker, frisch gemahlenem schwarzen Pfeffer und etwas Sherryessig leicht marinieren.

4. Für die Vinaigrette mischen Sie den Gemüsefond mit Zucker, Salz, Zitrone, Sonnenblumenöl und mit dem frisch geriebenen Meerrettich. Damit die Vinaigrette nicht zu scharf wird, den Meerrettich vorsichtig verwenden. Eine zweite Variante lässt sich herstellen, indem man ein wenig Dressing abnimmt und mit Sauerrahm vermengt. Den Matjes in längliche, bleistiftdünne Streifen schneiden.

5. Zum Anrichten wird zuerst ein Kartoffelblatt auf den Teller gesetzt, darauf Apfel-Bohnen-Specksalat, dann 3 Heringstreifen und darauf etwas Wildkräutersalat gegeben. Das Ganze mit der Meerrettich-Vinaigrette leicht beträufeln. Diesen Vorgang dreimal wiederholen. Mit langen Schnittlauchspitzen und hauchdünnen Meerrettichstreifen garnieren. Das Kartoffelblatt am besten in die Hand nehmen und Schicht für Schicht essen, denn mit Messer und Gabel zerdrückt man sonst alles.

Für 4 Personen

Feuilleté
1-2 große geschälte Kartoffeln
Erdnussöl zum Braten

Apfel-Bohnen-Specksalat
100 g Schnippelbohnen
1 grüner kräftiger Apfel (Granny Smith)
55 g geräucherter Bauchspeck
2 große geschälte Schalotten

Wildkräutersalat
80 g Wildkräuter, wie z. B. Gundermann, Giersch, Bachkresse, Wiesenkümmel, Kerbel, Estragon
Traubenkernöl
Zitrone
Salz
Zucker
schwarzer Pfeffer
Sherryessig

Vinaigrette
100 ml Gemüsefond
80 ml Sonnenblumenöl
1 TL Zucker
1 Prise Salz
schwarzer Pfeffer
1 TL frisch geriebener Meerrettich
eventuell 1 EL Sauerrahm

8 kleine Matjesfilet

Variation von der Sylter Makrele

Makrelentatar auf Stampfkartoffel mit Meerrettich-Creme
Gebratene Makrele
Mariniertes Makrelenröllchen
Geräucherte Makrele
Carpaccio von der Makrele

Alle Rezepte für 4 Personen

Tatar
2 frische grüne Makrelen
½ EL geschälte, in feine Würfel geschnittene Salatgurke
½ TL blanchierte, ganz fein geschnittene Schalottenwürfel
½ TL frisch geschnittener Schnittlauch
1 EL Traubenkernöl
etwas Meersalz, frisch gemahlener schwarzer Pfeffer und Zitronensaft

Stampfkartoffeln
100 g mehlige Kartoffeln
40 ml Geflügelfond
etwas Meersalz, frisch gemahlener weißer Pfeffer, Weißweinessig und Traubenkernöl

Meerrettich-Creme
1 EL Crème fraîche
1 EL Sahne
½ TL frischer, fein geriebener Meerrettich
etwas frisch gemahlener weißer Pfeffer und ein Spritzer Zitronensaft

Makrelentatar auf Stampfkartoffel mit Meerrettich-Creme

1. Die Makrelen filetieren, entgräten, häuten und fein würfeln. Alle anderen Zutaten dazugeben und nicht zu kräftig abschmecken. Vorsichtig vermengen. Das Tatar auf Eis kalt stellen.

2. Die Kartoffeln schälen, vierteln und mit Salzwasser weich kochen. Nur so viel Salzwasser verwenden, dass nichts abgegossen werden muss, damit die restliche Flüssigkeit zum Stampfen verwendet werden kann. Mit dem Geflügelfond auf die gewünschte Konsistenz verdünnen. Die Kartoffelmasse soll noch kleine Stückchen enthalten und sämig sein. Mit Meersalz, weißem Pfeffer, Weißweinessig und etwas Traubenkernöl abschmecken.

3. Die Crème fraîche vorsichtig bis zur festen Konsistenz aufschlagen – dann die geschlagene Sahne unterheben. Den sehr fein geriebenen Meerrettich dazugeben, mit Pfeffer und Zitronensaft abschmecken, nicht zu kräftig, damit sich ein Kontrast zwischen Stampfkartoffeln und Makrele ergibt.

4. Die Stampfkartoffeln bei Zimmertemperatur ca. 1 cm hoch in einen ringförmigen Ausstecher einfüllen. Die gleiche Menge Makrelentatar daraufgeben und mit der Meerrettich-Creme glatt streichen. Den Ring vorsichtig abstreifen.

2 Makrelenfilets à 100 g halbiert
etwas gesalzene Butter
Fenchelsamen

Gebratene Makrele

Makrelenfilets in kleine Rauten schneiden und auf der Hautseite in gesalzener Butter und etwas Fenchelsamen nur kurz und vorsichtig braten.

Variation von der Sylter Makrele

Mariniertes Makrelenröllchen

1. Die Makrelenfilets zwischen zwei Klarsichtfolien leicht platt klopfen. Mit Salz, Pfeffer und Koriander würzen. Längs aufrollen, so dass die Schwanzspitze oben liegt, und mit den Holzspießen fixieren.

2. Die Schalotten anschwitzen, mit Estragonessig ablöschen und alle restlichen Zutaten außer dem Öl zugeben. Etwa 10 Minuten sanft köcheln lassen. Dann das Öl dazugeben und die heiße Marinade über die vorbereiteten Makrelenröllchen geben, so dass sie bedeckt sind.

3. 24 Stunden im Kühlschrank durchziehen lassen. Dann die Röllchen halbieren und servieren.

Müssen 2 Tage ziehen

4 kleine Makrelenfilets à 60 bis 80 g, entgrätet
8 Holzspieße
Meersalz, weißer Pfeffer und Koriander aus der Mühle

2 Schalotten
40 ml Estragonessig
100 ml Fischfond
60 ml Sonnenblumenöl
60 ml Weißwein
½ Knoblauchzehe
8 g weiße Pfefferkörner
8 g Senfsaat-Körner
1 TL englisches Senfpulver
6 g Koriandersamen
1 TL Kümmel
2 Lorbeerblätter
abgeriebene Schale einer Zitrone
2 Estragonzweige
2 Kerbelzweige
Meersalz, Zucker, weißer Pfeffer

Geräucherte Makrele

1. Buchenholzspäne, etwas Fenchelsamen sowie ein paar Rosmarinzweige im Räucherofen bei milder Hitze anglühen lassen – dann den Räucherofen ausschalten und erst nach etwa einer halben Stunde die in kleine Segmente geschnittenen Makrelenstücke für 5 Minuten auf geöltem Papier in den Räucherofen geben.

2. Beim Räuchern im Wok gibt man die Buchenholz-Gewürzmischung auf eine Alufolie mit der der Wok ausgelegt ist, und erwärmt diese bei milder Hitze. Dann ein rundes Gitter in den Wok einlegen, dieses wiederum mit Alufolie auslegen, die eingeölt und mehrmals eingestochen wurde. Hierauf die Makrelenstücke geben und für etwa 5 Minuten räuchern.

2 Makrelenfilets à 100 g, halbiert

Kräuter-Vinaigrette
40 ml frisch gepresster Kräutersaft, wie z. B. aus Kerbel, Blattpetersilie, Estragon, Brunnenkresse
10 ml Apfelessig
10 ml Geflügelfond
30 ml Traubenkernöl
20 ml Rapsöl
etwas Meersalz, frisch gemahlener weißer Pfeffer, Limonensaft und ein Spritzer Tabasco

Variation von der Sylter Makrele

3. Die Makrelenstücke sollen frisch und nur ganz mild geräuchert sein. Anschließend mit etwas grobem Meersalz und frisch gemahlenem schwarzen Pfeffer bestreuen.

4. Die Kräuter durch den Entsafter geben, mit dem Essig und dem Geflügelfond verrühren, würzen und dann mit den Ölen vermischen. Leicht säuerlich abschmecken.

5. Die einzelnen Makrelenteile in Reihenfolge der Geschmacksrichtung anrichten und dezent mit der milden Kräuter-Vinaigrette umgießen.

Carpaccio von der Makrele

2 Makrelenfilets à 100 g, halbiert
ein Bund Bohnenkraut

Rohe und entgrätete Makrelenfilets in hauchdünne Scheibchen schneiden, von der Makrelenröllchenmarinade ein paar Löffel abnehmen, fein gehacktes Bohnenkraut dazugeben und die Makrelenscheibchen damit nappieren (überziehen).

Tipp

Die Monate von Mai bis August sind die beste Zeit für frische Makrelen. Achten Sie bei Emulsionen, Vinaigretten oder Marinaden immer darauf, dass die Gewürze vor dem Öl zugegeben werden. Salz und Pfeffer lösen sich im Öl nur sehr langsam auf, so ist die Gefahr groß, dass die Vinaigrette oder Marinade zu würzig wird.

Sylter Royal Austern

verschieden roh mariniert

Für 4 Personen

24 Austern

Rotweinschalotten
1 Schalotte
1 EL Cassis
1 EL Rotwein
2 TL Sherryessig
Salz, Pfeffer
2 EL Traubenkernöl

Schnittlauch-Vinaigrette
1 Bund Schnittlauch
¼ geriebene Limone, Pfeffer
2 EL Sonnenblumenöl

Imperial Kaviar
1 kleine Dose Kaviar à 50 g

Brunnenkresse-Gelee
18 große Brunnenkresseblätter
6 EL Champagner
½ Blatt kalt eingeweichte und ausgedrückte Gelatine
2 kleine Löffel geschlagene Crème fraîche
1 EL fein gewürfelte frische Gurke
Pfeffer, Saft von einer ¼ Zitrone

Tatar
1 Fenchel
Pfeffer, Zitronensaft

Mit Apfel, Gurke und Ingwer
½ Apfel Granny Smith
¼ Salatgurke
Ingwer

Austern mit Rotweinschalotten
Schalotten klein schneiden und in Traubenkernöl anschwitzen, mit etwas Cassis und Rotwein ablöschen, den Rotwein ganz einkochen lassen – eventuell nochmals mit Rotwein aufgießen und wieder ganz einreduzieren lassen. Die Rotweinschalotten dann mit etwas Sherryessig, Salz, Pfeffer und Traubenkernöl abschmecken. Einen kleinen Löffel davon auf die frisch geöffnete Auster geben.

Austern mit Schnittlauch-Vinaigrette
Ganz fein geschnittenen frischen Schnittlauch mit etwas geriebener Limone und etwas gemahlenem Pfeffer vermengen – ein paar Tropfen Sonnenblumenöl dazugeben. Damit dann die frisch geöffnete Auster beträufeln.

Austern mit Imperial Kaviar
Auf die frisch geöffnete Auster eine Nocke Imperial Kaviar geben.

Austern im Brunnenkresse-Gelee
Ein paar Brunnenkresseblätter sehr fein hacken, mit etwas Crème fraîche vermischen und ein paar ganz feine gesalzene frische Gurkenwürfelchen dazugeben. Die Crème mit etwas Pfeffer und Zitrone abschmecken. Einen kleinen Löffel davon in die leere Austernschale geben, die ausgelöste Auster darauf platzieren – mit kleinen Brunnenkresseblättern abdecken und dann mit Gelee hauchdünn begießen (für das Gelee nehmen Sie das Austernwasser, einen Spritzer Champagner und ganz wenig Gelatine).

Austern-Tatar
Ein paar Austern auslösen und in feine Würfelchen schneiden. Den klein geschnittenen und kurz blanchierten Fenchel mit Fenchelkraut dazugeben und mit Pfeffer und Zitronensaft abschmecken.

Austern mit Apfel, Gurke und Ingwer
Etwas grünen Apfel (z.B. Granny Smith) und geschälte frische Gurke in feine streichholzdünne Streifen schneiden. Frisch geschälten Ingwer fein raspeln, in ein Tuch geben, ausdrücken und den Ingwersaft auffangen. Pro Auster etwa ¼ TL frischen Ingwersaft aufträufeln, dann zu gleichen Teilen die Apfel- und Gurkenstreifen daraufgeben.

Vorspeisen Trio

Gänsestopfleber-Törtchen
Croustillant von der Königskrabbe
Gebratene Meeräsche auf Quellern

Gänsestopfleber-Törtchen mit Schalottenkompott und grünen Mandeln

1. Die Butter, das handwarme Marzipan, Zitrone und Vanillemark sehr schaumig rühren. Die Eigelbe nach und nach zugeben, den Rum unterrühren. Dann das Eiweiß mit dem Salz zu ¾ aufschlagen, Zucker langsam zugeben und kräftig fertig schlagen. Mehl und Stärke mischen und sieben. Das Eiweiß vorsichtig unter die Buttermasse ziehen und dabei die Mehlmischung unterheben. Eine dünne Schicht der Masse auf ein mit Backpapier belegtes Blech streichen und unter dem Grill des Backofens gleichmäßig goldgelb backen, kurz auskühlen lassen und die nächste Schicht auftragen und backen. Der Baumkuchen sollte aus 5 bis 6 Schichten bestehen.

2. Die Leber nicht zu kräftig mit den Gewürzen und dem Alkohol marinieren. Im Vakuum mindestens 24 Stunden ziehen lassen. Die Leber in eine Terrinenform geben und gut verschließen, 30 Minuten im Wasserbad bei 52°C garen. Danach sofort kalt stellen.

3. Die Leber mit den Gewürzen und dem reduzierten Alkohol würzen und mit dem heißen Fond gut mixen. Die eingeweichte Gelatine darin auflösen und alles durch ein feines Sieb passieren. Nochmals abschmecken, denn die Masse muss kräftig gewürzt sein, da noch Sahne hinzukommt. Die Lebermasse auf Eis kalt rühren und dann vorsichtig die Sahne unterheben.

4. Für das Gelee den Sauternes leicht erwärmen und die eingeweichte Gelatine darin auflösen.

5. Einen ca. 10 cm mal 10 cm großen Rahmen auf ein mit Backpapier ausgelegtes Blech stellen und den Baumkuchen als Boden einpassen. Jetzt die vorbereitete Terrine etwa 1 cm hoch einschichten und mit einer heißen Palette glatt streichen und kalt stellen. Jetzt erst die Mousse herstellen und etwa 1,5 cm hoch einfüllen; wieder kalt stellen. Wenn die Mousse fest ist, vorsichtig das Gelee etwa 2 mm hoch aufgießen und fest werden lassen.

Für 4–8 Personen
je nach Vorspeisengröße

Baumkuchen
60 g Butter
30 g Marzipan
etwas Zitronenabrieb
1 Vanilleschote
4 Eigelbe, 2 Eiweiße
½ EL Rum
1 Prise Salz
60 g Zucker
30 g Mehl
30 g Stärke

Gänsestopfleber-Terrine
300 g geputzte Gänsestopfleber
(von sämtlichen Adern und Häuten befreit)
Salz, Zucker, Pökelsalz, Pfeffer,
Koriander aus der Mühle
Pastetengewürz
weißer Portwein, Sauternes

Gänsestopfleber-Mousse
100 g Gänsestopfleber
Salz, Zucker, Pökelsalz, Pfeffer und
Koriander aus der Mühle
Pastetengewürz
10 ml stark einreduzierter Sauternes
10 ml stark einreduzierter weißer Portwein
100 ml kräftiger Geflügelfond
3 Blatt Gelatine
100 g weiche geschlagene Sahne

Sauternesgelee
100 ml Sauternes
½ Blatt Gelatine

Schalottenkompott
100 g fein gewürfelte Schalotten
20 ml Traubenkernöl
Salz, Zucker, Pfeffer
etwas Cidre- oder Apfelessig

Vorspeisen Trio

6. Die Schalotten im Öl anschwitzen und mit Salz, Zucker und Pfeffer würzen. Mit dem Essig und dem Noilly Prat ablöschen und einkochen lassen. Den Gemüsefond dazugießen und den Gewürzbeutel zufügen. Bei milder Hitze so lange köcheln lassen, bis der Fond komplett eingekocht ist.

7. Die Mandeln einzeln mit einem Plattiereisen vorsichtig aufschlagen und den Kern herauslösen. Falls nötig, die restliche Haut abziehen. Die Mandeln grob hacken und in dem Öl gleichmäßig rösten. Mit Salz und Pfeffer würzen. Beim Anrichten das Törtchen damit bestreuen.

50 ml Noilly Prat
80 ml Gemüsefond
Gewürzbeutel mit Lorbeerblatt, Koriandersamen, Nelke, Pimentkörnern

Grüne Mandeln
50 g frische grüne Mandeln
1 El Mandelöl
Salz, Pfeffer

Croustillant von der Königskrabbe auf Rübchenkompott und Krustentierjus

1. Die Zander- und Krustentierfarce in einer Metallschüssel auf Eis glatt rühren. Die grob gewürfelten Krabbenfleischstücke, Gemüse, Gewürze und Kräuter vorsichtig unterheben. Abschmecken und die geschlagene Sahne und den Noilly Prat unterheben. Die Masse gut kühlen, damit sie glänzend und cremig bleibt. Von der gekühlten Masse mit einem Suppenlöffel grobe Nocken abstechen und sofort locker in den Kataifi-Teig einrollen. Die Croustillants kurz bei 175 °C in Erdnuss- oder Sonnenblumenöl frittieren. Das Öl darf nicht zu heiß sein, sonst backt das Croustillant zu schnell und die Masse ist innen nicht gar.

2. Die Krustentierschalen etwas zerstoßen und im vorgeheizten Backofen bei 160 °C ca. 10 Minuten vorrösten. Die gerösteten Schalen in einen großen Topf mit etwas frischer Butter geben und langsam anschwitzen. Das fein geschnittene Gemüse dazugeben und bei schwacher Hitze vorsichtig weiter anschwitzen, damit die Krustentierschalen nicht anbrennen. Das Tomatenmark dazugeben und nochmals anschwitzen, bis sich am Topfboden eine Röstschicht abzeichnet. Mit Noilly Prat ablöschen und einkochen lassen. Mit Fischfond aufgießen, die Gewürze dazugeben und alles auf die Hälfte einkochen lassen.

Croustillant
30 g Zanderfarce
30 g Krustentierfarce
200 g Königskrabbenbeinfleisch in der Schale (ergibt ca. 100 g reines Fleisch)
20 g blanchierte Fenchelwürfel
20 g blanchierte Staudenselleriewürfel
Zitronensaft, Meersalz, Zitronenpfeffer
je 1/2 TL fein gehackter Kerbel und Estragon
1 EL geschlagene Sahne
1 EL reduzierter Noilly Prat (4 cl einkochen)
ein kleines Päckchen Kataifi-Teig (Teigfäden, erhältlich im asiatischen oder türkischen Feinkostgeschäft, siehe Tipp S. 51)
Erdnuss- oder Sonnenblumenöl zum Frittieren

Krustentierjus
400 g Königskrabbenschalen
50 g Butter

Vorspeisen Trio

30 g Fenchel
30 g Staudensellerie
30 g Champignons
30 g Schalotten
1 Tomate
1 TL Tomatenmark
80 ml Noilly Prat
400 g leichter Fischfond
etwas Fenchelsamen, Knoblauch,
je ein Estragon- und Kerbelzweig,
Senfsaatkörner, weißer Pfeffer,
Meersalz, etwas Koriander
40 g eiskalte Butterstückchen

Rübchenkompott
100 g Navetten (scharfe, rettich-
ähnliche weiße Rübchen)
100 g Teltower Rübchen (zapfen-
ähnliche weiße Rübchen)
1 fein geschnittene Schalotte
20 g Butter
1 große Prise Zucker
100 ml heller Kalbsfond
Meersalz, frisch gemahlener weißer
Pfeffer, etwas Zitronensaft
10 g Navettenöl

Für 4 Personen

Meeräsche
4 kleine Tranchen vom
Meeräschenfilet mit Haut à ca. 60 g
20 ml Traubenkernöl
etwas grobes Meersalz
weißer Pfeffer
etwas Limonensaft

Queller (essbare Algen)
100 g frisch gezupfte Queller
10 g Süßrahmbutter
1/4 Tomaten, abgezogen, entkernt
und gewürfelt
1 TL frisch gehackte Blattpetersilie
frisch gemahlener Pfeffer

3. Die Jus durch ein feines Sieb geben, dabei die Schalen gründlich ausdrücken. Nochmals aufkochen und abschmecken. Den Fond bei Bedarf noch etwas einkochen lassen. Kurz vor dem Servieren die Butter einrühren und einmal kurz mixen.

4. Für das Rübchenkompott die Rübchen schälen und in grobe Stücke würfeln. Die Schalotte in Butter anschwitzen, Rübchen und Zucker dazugeben und weiter anschwitzen. Mit Kalbsfond ablöschen, vorsichtig würzen und bei schwacher Hitze zugedeckt ziehen lassen, bis die Rübchen weich sind. Die Flüssigkeit soll fast ganz verdampfen. Anschließend mit einem Stampfer leicht stampfen. Die Rübchen sollen nicht zu stark gewürzt werden, sondern ihren Eigengeschmack behalten. Erst jetzt das Navettenöl dazugeben.

5. Das Rübchenkompott in den Teller geben, das Croustillant daraufsetzen und mit der Krustentierjus umgießen.

Gebratene Meeräsche auf Quellern und kleinen Meeresschnecken

1. Die Meeräschenfilets leicht salzen und pfeffern. Das Traubenkernöl in einer beschichteten Pfanne nicht zu stark erhitzen, darin die Meeräschenfilets zuerst auf der Hautseite braten, bis sie fast knusprig ist, aber darauf achten, dass die Filets nicht zu heiß braten. Die Filets wenden und immer wieder mit dem Bratensatz übergießen. Die Meeräsche sollte schön glasig gebraten sein. Kurz vor dem Servieren nach Geschmack mit dem Limonensaft beträufeln.

2. Die Queller kurz waschen und in streichholzgroße Stäbchen zupfen. Die Butter aufschäumen, Queller kurz darin schwenken, die Tomatenwürfel und Petersilie dazugeben und mit etwas frisch gemahlenem Pfeffer abschmecken.

Vorspeisen Trio

3. Die geklärte Butter erhitzen, Schalotten, Champignons, Fenchel und die gewaschenen Meeresschnecken (im Gehäuse) dazugeben. Bei starker Hitze kurz anschwitzen. Mit Noilly Prat ablöschen und zugedeckt bei schwacher Hitze 5 Minuten ziehen lassen. Mit Kalbs- und Fischfond aufgießen und bei milder Hitze etwa 10 Minuten köcheln lassen. Die Schnecken aus dem Sud nehmen und abtropfen lassen, den Saft dabei auffangen und wieder in den Sud geben. Die Sahne zum Sud geben, nochmals 10 Minuten köcheln lassen und dann mit dem Stabmixer pürieren. Die Sauce durch ein feines Sieb passieren, mit etwas Limonensaft, Meersalz und frisch gemahlenem Pfeffer abschmecken. Die Schnecken mit einer Nadel aus dem Gehäuse pulen, das Darmteil und die kleine Hornplatte entfernen. Die Schnecken als Sauceneinlage beiseite stellen.

4. Zuerst die kurz geschwenkten Queller in einen tiefen Teller geben, dann das glasig gebratene Meeräschenfilet darauflegen. Die Sauce aufkochen, mit dem Stabmixer kurz aufschäumen. Die Schnecken und den fein geschnittenen Estragon hineingeben und zur Meeräsche servieren.

Schneckensauce
50 g geklärte Butter
1 fein geschnittene Schalotte
3 feste weiße Champignons, grob gewürfelt
40 g fein geschnittener Fenchel
100 g frische Meeresschnecken im Gehäuse
30 ml Noilly Prat
100 ml Fischfond
40 ml heller Kalbsfond
30 ml Sahne
etwas Limonensaft
grobes Meersalz, weißer Pfeffer aus der Mühle
1 TL fein geschnittener Estragon

Tipp

Die Königskrabbe ist ein bis zu 2,5 Meter langes langbeiniges Meerestier, das vorwiegend im Nordatlantik und in Alaska gefangen wird. Die Tiere leben in bis zu 1500 Meter tiefen Gewässern. Meist können sie nur bei sehr rauer See „geangelt" werden, da sie dann etwas weiter oben treiben. Sie haben ein feines, vollaromatisches, mandelartiges Krustentieraroma, das von Kennern überaus geschätzt wird.

Übrigens steckt in den langen Beinen das beste Fleisch. Aus den Schalen und dem Körper kann man eine delikate Krustentiersauce/-suppe kochen. Gutes Königskrabbenfleisch ist auf dem Markt nur sehr schwer zu finden, da es in rohem Zustand schnell verdirbt. Die Ware wird meistens auf dem Schiff kurz abgekocht und sofort tiefgekühlt. Dosenware oder Königskrabbenfleisch in der Lake empfehle ich aber dennoch nicht zum Kauf. Für die Sauce können Sie auch andere Krustentierschalen mit verwenden. Sehr gut passen Taschenkrebs- und Hummerschalen. Sie machen die Sauce etwas intensiver und fülliger im Geschmack. Den Kataifi-Teig gibt es im Spezialitätengeschäft gekühlt zu kaufen. Er lässt sich mehrere Tage im Kühlschrank aufbewahren und ist sehr vielseitig verwendbar, z. B. für Kartoffelkroketten, marinierte Poulardenbrüstchen, Gambas, Zucchini, Frischkäse – man kann (fast) alles darin einwickeln und kurz frittieren.

Suppen

Cremesüppchen von Sylter Meeresschnecken
Cremesüppchen von grünem Curry
Kleine Suppen-Arie
Wildkräuter-Cremesuppe
Wiesenchampignon-Rahmsuppe

Cremesüppchen von Sylter Meeresschnecken

mit geröstetem Senfbrot

Für 4 Personen

Cremesüppchen
20 g Fenchel
20 g Karotten
40 g Schalotten
40 g Champignons
40 g Lauch
140 g Wellhornschnecken
200 g Meeresschnecken
(Bigorneau)
100 g Blaumuscheln
(oder Miesmuscheln)
40 ml Sonnenblumenöl oder
Traubenkernöl
50 ml trockener Martini
140 ml trockener Weißwein
140 ml Gemüsefond
(oder Fischfond)
30 g frische Butter
250 ml Sahne
etwas Safran, Knoblauch, Salz,
Pfeffer, Zitronensaft
etwas gehackter Kerbel und
Estragon

Bratbrot
4 Scheiben Stangenweißbrot
etwas Sonnenblumenöl zum Braten
1 El grober mittelscharfer Senf

1. Das Gemüse waschen und in Würfel schneiden. Die Schnecken und Muscheln ebenfalls gründlich waschen. In einem großen Topf das Öl erhitzen, Muscheln und Schnecken dazugeben, kurz und sehr heiß anschwitzen. Nun das Gemüse dazugeben und mitdünsten, bis es glasig ist. Das Ganze mit Martini und Weißwein ablöschen, dann den Gemüsefond zugeben und abgedeckt bei milder Hitze ca. 10 Minuten leicht köcheln lassen.

2. Die Muscheln und Schnecken herausnehmen, aus dem Gehäuse holen (am besten mit einer Nadel) und von Darm und Bart befreien. In feine Würfelchen schneiden. Nun das Gemüse vorsichtig aus dem Fond nehmen und beiseite stellen. Den Fond durch ein ganz feines Sieb geben, damit eventueller Sand nicht in die Suppe gelangt.

3. Die Butter in einem Topf aufschäumen lassen, Schnecken und Muscheln leicht anschwitzen, das Gemüse dazugeben, kurz mitschwitzen. Mit dem Fond aufgießen, Sahne dazugeben und das Ganze ca. 15 Minuten köcheln lassen. Mit wenig Safran, Salz, Pfeffer, Zitronensaft und Knoblauch würzen. Die Suppe mit einem Stabmixer kurz anmixen, so dass eine leichte Bindung entsteht. Zum Schluss noch etwas frisch gehackten Kerbel und Estragon dazugeben.

4. Die Scheiben vom Stangenweißbrot von beiden Seiten in wenig Öl knusprig braten, dann auf jeweils einer Seite dünn mit dem groben Senf bestreichen und nochmals für etwa 10 Sekunden mit wenig frischer aufgeschäumter Butter nachbraten.

5. Die aufgemixte Suppe in Teller geben. Die knusprigen Bratbrotscheiben zu der Suppe geben.

Cremesüppchen von grünem Curry

mit Limonenblättern und gebackenen Blaumuscheln

1. Die Schalotten klein schneiden und das gewürfelte Gemüse (Champignons, Fenchel, Tomate) sowie Limettenblätter, Zitronengras und die Currysorten in Sonnenblumenöl anschwitzen, mit Noilly Prat und Weißwein ablöschen und einkochen lassen. Den Geflügelfond, Kokosmilch, Schmand und die Gewürze (Koriander, Fenchel, Sternanis) sowie den Saft und die abgeriebene Schale der Limone zugeben und alles kräftig mit dem Zauberstab mixen. Nach der Zugabe von Schmand nicht mehr aufkochen lassen. Die Suppe nun durch ein Haarsieb passieren und mit geschlagener Sahne aufmixen. Danach auf jeden Fall nochmals abschmecken.

2. Die Muscheln aus der Schale lösen und gut würzen, in Mehl wenden und überschüssiges Mehl abschütteln. Danach die mehlierten Muscheln durch das zerschlagene Ei ziehen und in Mie de Pain wenden und im 180 °C heißen Fett goldgelb ausbacken.

3. Die Suppe vor dem Servieren kurz mit dem Mixstab aufschäumen und in Tassen füllen. Die gebackenen Muscheln auf kleine Spießchen stecken und auf die Tasse legen.

Für 4 Personen

Currysüppchen
4 Schalotten
60 g Champignons
¼ Fenchel
1 Tomate
4 Stängel Zitronengras
10 Kaffirlimettenblätter[1]
1 El grüne Currypaste
5 g Mumbai Curry
Meersalz
80 ml Noilly Prat
60 ml Weißwein
300 ml kräftigen Geflügelfond
300 ml frische Kokosmilch
2 EL Schmand
Koriandersamen, Fenchelsamen, Sternanis
1 Limone (Saft und Schale)

Gebackene Muscheln
500 g gegarte Blaumuscheln oder Miesmuscheln
Salz, Pfeffer und Koriander aus der Mühle
50 g Mehl
2 Eier
100 g Mie de Pain[2]
Erdnussöl zum Ausbacken

[1] Kaffirlimettenblätter sehen ähnlich aus wie Lorbeerblätter, haben eine aparte, frische Note und sind für viele asiatische Gerichte unverzichtbar.

[2] Mie de Pain ist sehr fein geriebenes Weißbrot ohne Rinde, das man auch selbst herstellen kann. Hierzu von trockenem Weißbrot oder Brötchen die Rinde entfernen und das verbleibende Innere des Brotes auf einer Küchenreibe bei feiner Körnung reiben.

Tipp

Die Blau- oder Miesmuscheln werden, wenn man sie roh kauft, in einem Sud aus Weißwein, Zwiebeln und Suppengemüse gegart. Bei Muscheln sollte man aus Vorsicht immer Folgendes beachten: zum Kochen nur geschlossene Muscheln verwenden. Die Muscheln, die sich beim Kochen nicht öffnen, ebenfalls aussortieren und nicht verwenden. Grundsätzlich sollten Muscheln frisch verzehrt werden.

Kleine Suppen-Arie

Hummersüppchen
Spinatcreme-Süppchen
Pfifferlings-Consommé
Geeistes pikantes Gemüsesüppchen

Alle Rezepte für 4 Personen

2 kleine Hummer à 400 g
50 g eiskalte Süßrahmbutter
1 EL Karotten in groben Würfeln
1 EL Staudensellerie in groben Würfeln
1 EL Fenchel in groben Würfeln
5 Champignons
2 Schalotten in groben Würfeln
½ Knoblauchzehe
½ Tomate
1 TL Tomatenmark
60 ml Noilly Prat
500 ml leichter Fischfond
½ TL Kerbel, gehackt
½ TL Estragon, gehackt
½ TL Thymian, gehackt
½ TL Ingwer, gehackt
Meersalz, Cayennepfeffer
Kubebenpfeffer[1], gemahlener Koriander, einige Senfsaatkörner
etwas Ras el Hanout (siehe Anmerkung S. 61)
150 g Sahne

[1] Kubeben aus der Familie der Pfeffergewächse sehen aus wie Pfefferkörner mit einem kleinen Stiel. Sie kommen meistens aus Indonesien oder Sri Lanka und erinnern im Geschmack an Piment.

Hummersüppchen

1. Die Hummer kopfüber in sprudelndes Salzwasser geben. Das Wasser kurz aufkochen lassen, dann den Topf von der Kochstelle nehmen und ca. 2 Minuten ziehen lassen. Die Hummer sofort in Eiswasser abschrecken. Das Schwanzfleisch aus der Schale nehmen. Die Scheren vorsichtig ausbrechen, sollten sie noch zu weich sein, nochmals 2 bis 3 Minuten nachkochen. Das Hummerfleisch in kleine Stücke schneiden und als Suppeneinlage verwenden.

2. Die Hummerschalen mit einem schweren Gegenstand zerstoßen und im auf 160 °C vor geheizten Ofen ca. 10 Minuten anrösten. Die Schalen in einen großen Topf mit geklärter Butter geben und bei mittlerer Hitze langsam anrösten. Röstet man die Hummerschalen zu stark, wird die Jus bitter.

3. Je 1 EL Karotten, Staudensellerie, Champignons, Fenchel und die Schalotten dazugeben und leicht mitschwitzen. Knoblauch, Tomaten und Tomatenmark dazugeben und nochmals anschwitzen. Wenn sich am Topfboden eine leichte Röstschicht bildet, mit Noilly Prat ablöschen, dann köcheln lassen, bis fast die gesamte Flüssigkeit verdampft ist. Mit Fischfond aufgießen, alle Gewürze und Kräuter dazugeben und 20 Minuten leicht köcheln lassen. Die Jus durch ein grobes Sieb passieren und die Krustentierkarkassen dabei kräftig ausdrücken.

4. Den gewonnenen Fond mindestens auf die Hälfte einkochen lassen. Jetzt die Sahne dazugeben und alles zusammen nochmals 10 min. köcheln lassen. Durch ein feines Sieb passieren und mit dem Stabmixer einmal gut durchmixen. Mit Salz, Pfeffer und Cayennepfeffer vorsichtig abschmecken.

Tipp

Die Rezeptur ist ein bisschen größer ausgefallen, denn wenn man zu wenig Hummerschalen hat, bekommt man keinen vernünftigen Grundfond hin. Aber die Suppe lässt sich wunderbar einfrieren.

Kleine Suppen-Arie

Spinatcreme-Süppchen

1. Champignons putzen und würfeln. Schalotten abziehen und fein würfeln. Die Hälfte der Butter erhitzen und die Champignons und Schalotten darin leicht braun andünsten.

2. Geflügelfond und Sahne dazugießen und alles fünf Minuten bei kleiner Hitze kochen lassen. Den Spinat von Stielen befreien, waschen, trocken tupfen und kurz in der restlichen, leicht aufgeschäumten Butter anschwitzen, würzen und mit der Grundsuppe aufgießen – aufkochen und mit dem Mixstab fein pürieren.

3. Die Suppe durch ein feines Sieb streichen und mit Salz, Pfeffer, Muskat und einem Spritzer Zitronensaft abschmecken. Den Knoblauch abziehen, auf eine Gabel spießen und fünf Minuten in die Suppe geben. Knoblauch wieder herausnehmen. Suppe in kleinen Tässchen servieren.

60 g Champignons
2 Schalotten
60 g Butter
250 ml Geflügelfond
100 g Schlagsahne
150 g Blattspinat
Salz
Pfeffer, frisch gemahlen
Muskatnuss
Zitronensaft
1 Knoblauchzehe

Pfifferlings-Consommé

1. Das Beinfleisch durch die grobe Scheibe des Fleischwolfes drehen (oder beim Fleischer durchdrehen lassen). Möhre und Sellerie putzen und klein würfeln. Schalotten abziehen und fein würfeln. Von den Pfifferlingen 100 g putzen und klein schneiden. Eiweiß leicht verschlagen. Dann 300 ml kaltes Wasser, das Beinfleisch, Gemüse, Schalotten, Pfifferlinge, Eiweiß und die Eiswürfel mischen und langsam aufkochen. Nur vorsichtig und langsam mit einem Pfannenwender umrühren und die Mischung vom Topfboden lösen. Etwa 40 Minuten ziehen lassen.

2. Den Fleischkuchen mit einer Schaumkelle abheben und abtropfen lassen. Consommé durch ein feines Haarsieb oder Tuch gießen und mit Salz und Pfeffer würzen. Restliche Pfifferlinge in der Butter anbraten. Mit Salz und Pfeffer würzen und in die Consommé geben. Petersilie hacken und darüberstreuen.

200 g Rinderbeinfleisch
1 Möhre
60 g Knollensellerie
2 Schalotten
150 g Pfifferlinge
3 Eiweiß
100 g Eiswürfel
Salz
frisch gemahlener Pfeffer
Butter zum Braten
3 Blätter glatte Petersilie

Kleine Suppen-Arie

Geeistes pikantes Gemüsesüppchen

150 g roter Paprikasaft
250 g Tomatensaft
200 g frischer Gurkensaft
2 Eigelbe
50 g Sonnenblumenöl
30 g fruchtiges Olivenöl
Meersalz, weißer Pfeffer, Tabasco
weißer Essig, Ras el Hanout
(siehe Anmerkung)

1. Die jeweiligen Gemüse einzeln waschen und putzen. Dann einzeln durch den Entsafter geben und so die drei Säfte getrennt bereitstellen.

2. Die Eigelbe unter kräftigem Rühren mit beiden Sorten Öl tröpfchenweise aufschlagen wie bei einer Mayonnaise. Dann die Gemüsesäfte langsam mit einem Mixstab einmixen. Die Suppe auf Eis stellen, so dass sie sehr gut gekühlt ist. Alles leicht mit Meersalz, weißem Pfeffer, etwas Tabasco, weißem Essig, etwas Ras el Hanout würzen. Eine geschälte Knoblauchzehe auf einen Spieß geben und etwa eine halbe Stunde in der Suppe ziehen lassen. Den Knoblauch wieder entfernen und die Suppe nochmals nachschmecken.

3. Die Suppe soll pikant, aber nicht zu scharf sein. Kurz vor dem Servieren noch einmal aufmixen und in kleinen vorgekühlten Tassen servieren.

Anmerkung

Ras el Hanout ist eine bekannte marokkanische Gewürzmischung, die zum Würzen von Couscous verwendet wird und aus 3 EL Koriander, 2 EL Cuminsamen, 2 EL Kardamomsamen, 2 ½ EL schwarzen Pfefferkörnern (diese Gewürze rösten und fein mahlen), dann Kurkuma, süßem Paprika, Ingwerpulver, Zimtpulver, gemahlenen Gewürznelken und geschrotetem Chili (diesen als Pulver hinzufügen) besteht.

Wildkräuter-Cremesuppe

mit Kartoffel-Kaviar-Lasagne

1. Den Kopfsalat von Strunk und Stielen sowie von den äußeren Blättern befreien, waschen und mit den gewaschenen Kräutern durch den Entsafter geben (ergibt ca. 150 ml Kopfsalat/Kräutersaft).

2. Den Speck in feine Streifen schneiden und in einem großen Topf so lange erhitzen, bis er braun und kross ist. Die Speckstreifen vorsichtig herausnehmen – gebraucht wird nur das leicht rauchige Fett vom Speck. Nun werden grob gewürfelte Kartoffeln und Schalotten kräftig angeschwitzt, ohne dass diese Farbe annehmen. Mit Noilly Prat ablöschen, kurz einkochen lassen und dann mit dem Geflügelfond und der Crème double aufgießen. Noch etwa 15 Minuten köcheln lassen, dann alles ganz fein mixen und durch ein feines Sieb geben. Vorsichtig und nicht zu stark mit Salz, Pfeffer und Zitrone abschmecken.

3. Die Kartoffeln in 0,5 cm dünne Scheibchen schneiden und in gesalzenem Wasser so lange garen, bis die Kartoffelscheiben nur noch ganz wenig Biss haben. Pro Portion 4 (ausgestochene ca. 4 cm) Kartoffelscheibchen mit etwas Felchentatar übereinanderschichten und obendrauf einen gut gehäuften Löffel Felchenkaviar geben.

4. Die Cremesuppe aufkochen, den Kopfsalat-Kräutersaft einmixen, nochmals ganz kurz aufkochen lassen und abschmecken. Die „Lasagne" in einen tiefen Suppenteller geben, mit der heißen Suppe umgießen und mit den feinen wilden Kräutern garnieren.

Für 4 Personen

Wildkräuter-Cremesuppe
1 Kopfsalat
1 großer Bund Wildkräuter, wie z.B. Giersch, Taubnessel, Baldrian, Senfklee, Bärlauch, Wiesenkerbel
60 g geräucherter Speck
80 g Kartoffeln
2 Schalotten
80 ml Noilly Prat
300 ml Geflügelfond
250 g Crème double oder Sahne mit 32% Fett
grobes Meersalz, weißer Pfeffer
Zitronensaft

Kartoffel-Kaviar-Lasagne
100 g Kartoffeln
150 g Felchentatar
100 g Felchenkaviar

Wiesenchampignon-Rahmsuppe

Für 4 Personen

100 g fein geschnittene Schalotten
50 g Fenchel
50 g Staudensellerie
40 g frische Butter
60 ml Noilly Prat
60 ml Champagner
300 ml Geflügelfond
1 kleiner Zweig Thymian
1 ganz kleiner Zweig Rosmarin
200 ml Sahne
Salz, Pfeffer, Zitrone, Knoblauch
200 g ganz frische Wiesenchampignons

1. Die Schalotten, den Fenchel und den Staudensellerie waschen, fein würfeln und langsam in der Butter anschwitzen, mit Noilly Prat und 40 ml Champagner ablöschen, Geflügelfond und die gezupften Kräuter dazugeben und ca. 10 Minuten bei milder Hitze köcheln lassen. Dann 150 ml der frischen Sahne dazugeben, nochmals 10 Minuten köcheln lassen und leicht mit Salz, Pfeffer, Zitrone und einem Hauch Knoblauch würzen.

2. Alles mit einem Mixstab ganz fein pürieren und anschließend durch ein feines Haarsieb passieren. Die Suppe aufkochen, im letzten Moment die restliche geschlagene Sahne sowie den restlichen Champagner dazugeben, mit dem Mixstab kurz aufmixen und dann die ganz fein gehobelten Champignons dazugeben.

Tipp

Den Champagner stets erst im letzten Moment zur Suppe dazugeben, das macht sie frisch im Geschmack. Sie können für diese Suppe auch ersatzweise rosa Champignons oder Steinchampignons verwenden. Achten sie immer darauf, dass die Champignons schön fest und geschlossen sind. Sehr gut passen zu dieser Suppe auch geröstete Brotwürfel – vor allem die von einem herzhaften Sauerteigbrot.

Fisch und Krustentiere

Gebratene Meerforelle
Kabeljau auf Kartoffel-Olivencreme
Steinbutt an der Gräte gegart
Hornhecht mit Stampfkartoffeln
Gebratene Meeräsche auf Quellern
Jakobsmuschel auf jungem Zwiebellauch

Gebratene Meerforelle

auf Blumenkohlgemüse mit Kopfsalat-Cremesauce

Für 4 Personen

4 Meerforellenfilets à ca. 90 g
1 EL geklärte Butter
etwas Meersalz
frisch gemahlener weißer Pfeffer
ein paar Tropfen Zitrone

Blumenkohlgemüse
300 g Blumenkohl
etwas Butter
1 Schalotte gewürfelt
Kerbel
Estragon
Salz
weißer Pfeffer

Kopfsalat-Cremesauce
1 Stück Kopfsalat
40 g geräucherter Speck
40 g Kartoffeln
4 weiße Champignons
2 Schalotten
40 ml Noilly Prat
100 ml Geflügelfond
80 g Crème double
grobes Meersalz, etwas Muskat
weißer Pfeffer, Zitronensaft

1. Die Meerforellenfilets auf der Hautseite in geklärter Butter bei ganz milder Hitze vorsichtig anbraten, mit Meersalz, Pfeffer und Zitronensaft abschmecken und am Herdrand zugedeckt kurz stehen und ziehen lassen.

2. Den Blumenkohl in kleine Röschen schneiden und in gut gesalzenem Wasser garen, bis er noch ein wenig Biss hat. Die Röschen abschrecken, trocken tupfen und mit etwas geklärter Butter in der Pfanne leicht anrösten. Zum Schluss die feinen Schalottenwürfel mit anrösten. Mit einer Prise Salz, weißem Pfeffer und etwas fein gehacktem Kerbel und Estragon würzen.

3. Den Kopfsalat von Strunk und Stielen sowie von den äußeren Blättern befreien und waschen. Vier bis fünf schöne Blätter in ganz feine Blättchen schneiden und mit dem Blumenkohlgemüse vermengen. Die restlichen Kopfsalatblätter durch den Entsafter geben (ergibt ca. 150 ml Kopfsalatsaft). Den Speck in feine Streifen schneiden und in einem großen Topf so lange erhitzen, bis er braun und kross ist. Die Speckstreifen herausnehmen – wir brauchen nur das leicht rauchige Speckfett.

4. Die grob gewürfelten Kartoffeln, die Champignons und die Schalotten kräftig in dem Speckfett anschwitzen, ohne dass sie Farbe annehmen. Mit Noilly Prat ablöschen, kurz einkochen lassen und dann mit Geflügelfond und Crème double aufgießen. Etwa 15 Minuten köcheln lassen, dann alles ganz fein mixen und durch ein feines Sieb geben. Mit Salz, einem Hauch Muskat, Pfeffer und Zitronensaft vorsichtig abschmecken.

5. Vor dem Anrichten ein paar Tropfen Zitronensaft und etwas frisch gemahlenen weißen Pfeffer zu den Meerforellenfilets geben und die Filets einmal darin wenden – alles soll sehr zart, sanft und saftig sein. Jetzt die Grundsauce aufkochen, den Kopfsalatsaft einmixen, nochmals ganz kurz aufkochen lassen und vorsichtig abschmecken. Das Blumenkohlgemüse auf den Teller geben, mit Kopfsalatsauce umgießen und das Meerforellenfilets darauflegen.

Kabeljau auf Kartoffel-Olivencreme

mit geschmorter Paprika und Erdnüssen

1. Kabeljau leicht würzen und auf der Hautseite mit einem kleinen Thymianzweig schön glasig braten.

2. Die Kartoffeln in möglichst wenig Salzwasser weich kochen, so dass keine Flüssigkeit abgegossen werden muss, sondern das restliche Kartoffelwasser mit verwendet werden kann. Die weichen Kartoffeln zu Püree stampfen, mit Olivenöl aufrühren bzw. mit dem Stabmixer glatt mixen. Vorsichtig mit etwas Meersalz, weißem Pfeffer und Knoblauch würzen. Das Kartoffelpüree mit dem fruchtigen Olivenöl und dem Gemüsefond glattrühren, um dem Püree die gewünschte Konsistenz zu verleihen. Das Püree zur Seite stellen.

3. Die Schalotten klein schneiden und in kräftigem Olivenöl anschwitzen. Die Paprika abziehen oder mit einem Sparschäler abschälen, in feine Würfel schneiden und mit dem blanchierten, fein gehackten Knoblauch ebenfalls zu den Schalotten geben. Das Ganze zugedeckt bei milder Hitze ca. 1 Stunde am Herdrand schmoren lassen, bis es zu einer kompottartigen Konsistenz eingekocht ist. Pikant abschmecken mit weißem Traubenessig, Chili, ganz wenig mildem Honig, Salz und gemahlenem weißen Pfeffer.

4. Die Oliven, Kapern und Sardellen fein hacken. Mit Olivenöl, Honig, Knoblauch, Sherry und Balsamico-Essig vermengen und mit einem Mixstab grob pürieren. Rosmarin und Thymian dazugeben und alles gut abschmecken.

5. Einen großen Esslöffel lauwarme Kartoffelcreme auf einen Teller geben, darauf den gebratenen Kabeljau setzen. Jetzt etwas Tapenade und die geschmorten Paprika daraufsetzen. Mit den ganz frisch gerösteten, fein gehackten Erdnüssen bestreuen und mit dem Kräuteröl umgießen.

Für 4 Personen

4 Mittelstücke vom Kabeljaufilet mit Haut à 140 g
etwas Olivenöl zum Braten
1 kleiner Thymianzweig

Kartoffel-Olivenpüree
250 g geschälte Kartoffeln
40 g fruchtiges Olivenöl
Meersalz, weißer Pfeffer
etwas Knoblauch
40 g Gemüsefond

Geschmorte Paprika
2 Schalotten
40 g kräftiges Olivenöl
2 rote und 1 gelbe Paprika
2 blanchierte Knoblauchzehen
etwas weißen Traubenessig
Chili
1 TL milder Honig
Salz und Pfeffer

Tapenade
80 g entsteinte schwarze Oliven
1 TL Kapern
1 TL Sardellen
40 ml Olivenöl
½ TL Honig
½ Knoblauchzehe
½ TL Sherry
1 TL sehr milder Balsamico-Essig
etwas fein gehackter Rosmarin und Thymian
Salz und Pfeffer

zum Anrichten:
2 EL leicht geröstete ungesalzene Erdnüsse

Kräuteröl
100 ml Olivenöl mit einem EL frisch gehackter Kräuter, wie z. B. Estragon, Rosmarin, Thymian vermengen;
etwas grobes Meersalz

Steinbutt an der Gräte gegart

mit pikantem Gemüse-Couscous

Für 4 Personen

Steinbutt
Ca. 2–2,5 kg Steinbutt
1 ungeschälte Knoblauchzehe
etwas Olivenöl
ein wenig Mehl
Rosmarin, grobes Meersalz
Zitrone
etwas grob geschroteter Pfeffer

Couscous
100 g Couscous
200 ml leichter Gemüsefond
Ras el Hanout (siehe
Anmerkung S. 61)
2 ½ EL (feine Würfel)
Staudensellerie
2 ½ EL (feine Würfel) Karotten
2 ½ EL (feine Würfel) Fenchel
etwas Olivenöl, Salz
Cayennepfeffer
½ TL Kerbel, gehackt
½ TL Estragon, gehackt
½ TL Thymian, gehackt

1. Kopf und „Seitenflügel" vom Steinbutt abschneiden. Die Mittelstücke mit einem Sägemesser an der Gräte in Portionsstücke schneiden. Eine schwere Pfanne mit Knoblauch ausreiben, das Olivenöl dazugießen und heiß werden lassen. Die leicht mit Mehl bestäubten Steinbuttstücke auf der Hautseite zuerst anbraten – dann den Rosmarin dazugeben und die Steinbuttstücke von allen Seiten so braten, dass der Fisch noch schön glasig ist. Mit grobem Meersalz, Zitronensaft und geschrotetem Pfeffer würzen.

2. Das Couscous mit 200 ml Gemüsefond übergießen, mit einer Prise Ras el Hanout würzen und ca. 15 Minuten quellen lassen. Das Gemüse waschen, schälen und fein würfeln. Dann in etwas Olivenöl andünsten und am Herdrand 10 Minuten ziehen lassen, mit Salz, Pfeffer abschmecken und alle Kräuter daruntermischen. Alles zusammen vermengen und nochmals pikant abschmecken.

3. Das Gemüse-Couscous schnell erhitzen – in einem Ring dekorativ anrichten.

Hornhecht

mit Stampfkartoffeln und Krabbensud

1. Die Hornhechte filetieren und die Fischfilets in fingergroße Stücke schneiden. Die Filetstücke bei schwacher Hitze in frischer Butter von beiden Seiten max. 1 Minute braten und nur ganz leicht mit Salz und frisch gemahlenem weißen Pfeffer würzen.

2. Die Krabben pulen – immer erst vom Schwanz her und dann den Kopf abdrehen. Einige Krabbenschwänze mit Kopf aufbewahren. Das fein geschnittene Gemüse in Butter mit den Krabbenschalen im Topf bei milder Hitze langsam und lange anschwitzen. Vorsicht, die Krabbenschalen sind sehr dünn und brennen deshalb schnell an. Das Tomatenmark dazugeben und nochmals alles anschwitzen bis sich am Topfboden eine schöne Röstschicht abzeichnet. Mit Noilly Prat ablöschen, reduzieren lassen, Fond aufgießen, Gewürze dazu und alles zur Hälfte reduzieren lassen. Jetzt die Sahne dazugeben und nochmals 5 Minuten köcheln lassen. Alles durch ein feines Sieb geben, dabei die Schalen fest ausdrücken. Jetzt nochmals aufkochen, nachschmecken, die eiskalten Butterstückchen mit dem Stabmixer einmixen und diesen Fond nicht mehr kochen lassen.

3. Die Kartoffeln schälen, vierteln und mit Salzwasser weich kochen. Nur so viel Salzwasser verwenden, dass die restliche Flüssigkeit zum Stampfen verwendet werden kann. Mit dem Kalbsfond auf die gewünschte Konsistenz verdünnen. Die Kartoffelmasse soll noch kleine Stückchen enthalten und sämig sein. Mit Meersalz, weißem Pfeffer, Weißweinessig und etwas Traubenkernöl abschmecken.

4. Stampfkartoffeln erwärmen, den gebratenen Hornhecht darauflegen – mit Krabbensud umgießen und mit frischen gepulten Krabben und Schnittlauchspitzen garnieren. Die Krabben dürfen nicht zu stark erhitzt werden, sonst werden sie hart und trocken.

Für 4 Personen

2 Hornhechte à 800 g
Butter
Salz, weißer Pfeffer

Krabbensud
350 g frische Krabben in der Schale
20 g Fenchel
20 g Staudensellerie
20 g Champignons
20 g Schalotten
1 Tomate
35 g Butter
1 TL Tomatenmark
50 ml Noilly Prat
200 g Fisch- oder leichter Gemüsefond
Gewürze: etwas Fenchelsamen, Senfsaatkörner, weißer Pfeffer, Meersalz, ein Hauch Koriander
20 g Sahne
25 g kleine eiskalte Butterstückchen

Stampfkartoffeln
150 g mehlige Kartoffeln
100 ml leichter heller Kalbsfond
etwas Meersalz, frisch gemahlener weißer Pfeffer, wenig Weißweinessig und Traubenkernöl
Schnittlauchspitzen

Tipp

Mai, Juni, Juli ist die beste Zeit für frischen Hornhecht. Leider hat dieser sehr delikate Fisch sehr viele Gräten, die sich nicht herausziehen lassen, sondern ausgeschnitten werden müssen. Aus einem ca. 800 g schweren Hornhecht erhalten sie maximal 3 kleine Portionen Hornhechtfilet.

Gebratene Meeräsche

auf Quellern mit Wiesenkräutersalat und Austern-Béarnaise

Für 4 Personen

Meeräsche
4 Tranchen vom Meeräschenfilet
mit Haut à ca. 120 g
40 ml Sonnenblumenkernöl
20 g gesalzene Butter
wenig grobes Meersalz, weißer
Pfeffer, etwas Limonensaft

Queller (essbare Algen)
200 g frisch gezupfte Queller
15 g Süßrahmbutter
1 EL fein geschnittene Schalotten
1 EL frisch gehackte Blattpetersilie
frisch gemahlener Pfeffer

Vinaigrette
100 ml Rapsöl, 20 ml Apfelessig
Saft ¼ Zitrone, ½ TL Zucker
etwas Meersalz, schwarzer Pfeffer
1 Prise englisches Senfpulver
50 ml Gemüsefond

Austern-Béarnaise
2 Schalotten
150 g geklärte Butter
40 ml Noilly Prat
40 ml Fischfond
40 ml Kalbsfond
Thymian- und Estragonzweig
Lorbeerblatt
weiße Pfefferkörner, etwas Zitrone
10 ml Estragonessig
3 Eigelbe
Meerwasser von 3 Austern
3 klein geschnittene Austern
1 EL fein gehackte Kräuter, wie z. B.
Estragon, Blattpetersilie und Kerbel
etwas Chili oder Tabasco

Wiesenkräuter
je 1 Handvoll Kräuter, wie z. B.
Giersch, Löwenzahn, Sauerampfer
Taubnessel, Melisse, Schafgarbe
Schnittlauch, Wiesenkümmel
Spitzwegerich, Bachkresse

1. Die Meeräschenfilets leicht salzen und pfeffern. Das Sonnenblumenkernöl und ein wenig frische Butter in einer beschichteten Pfanne nicht zu stark erhitzen, darin die Meeräschenfilets zuerst auf der Hautseite braten und darauf achten, dass die Filets nicht zu heiß braten. Mit Salz, Pfeffer und Limonensaft abschmecken. Die Filets wenden und immer wieder mit dem Bratensatz übergießen. Die Meeräsche sollte schön glasig gebraten sein. Den „Bratensaft" aufbewahren.

2. Die Queller kurz waschen und in streichholzgroße Stäbchen zupfen. Die Butter aufschäumen, die fein geschnittenen Schalotten dazugeben, Queller kurz darin schwenken – wirklich nur 10 Sekunden – die fein geschnittene Petersilie dazugeben. Die Queller mit etwas frisch gemahlenem Pfeffer abschmecken.

3. Aus frischem Rapsöl, Apfelessig, etwas Zitronensaft, Zucker, Meersalz, schwarzem Pfeffer aus der Mühle, Senfpulver und Gemüsefond ein mildes Dressing herstellen. Mit dem Stabmixer kräftig durchmixen, dann nochmals abschmecken. Die Essigsäure sollte nicht zu dominant sein, das Rapsöl im Vordergrund stehen.

4. Klein geschnittene Schalotten in ein wenig Butter anschwitzen, mit Noilly Prat ablöschen – dann den Fisch- und Kalbsfond dazugeben. Kräuterzweige und Gewürze sowie den Essig dazugeben und auf etwa die Hälfte reduzieren lassen. Durch ein feines Sieb geben. Die noch warme Flüssigkeit mit dem Eigelb vermengen und am Herdrand kräftig aufschlagen – so dass die Masse fast schnittfest ist. Nun am Herdrand die übrige geklärte warme Butter nach und nach einrühren. Jetzt das Austernwasser und die fein geschnittenen Austern sowie die fein gehackten Kräuter dazugeben. Vorsichtig abschmecken – eventuell etwas Chili oder Tabasco dazugeben.

5. Zuerst die kurz geschwenkten Queller auf einen Teller geben, dann das glasig gebratene Meeräschenfilet halbieren und darauf legen, mit dem Bratensaft umgießen. Dann den mit Rapsölvinaigrette marinierten Wiesenkräutersalat darauflegen. Die Austern-Béarnaise in einer Austernschale extra dazu servieren.

Jakobsmuschel

auf jungem Zwiebellauch mit grünem Apfel
und leichter Cidresauce

1. Die Jakobsmuschel aus der Schale lösen, putzen, säubern und auf Eis mindestens 2 Stunden durchkühlen lassen. Die tiefe leere Muschelschale ebenfalls säubern, dann auf grobes Meersalz setzen und warm stellen. Den Zwiebellauch waschen, in kleine Ringe schneiden, kurz in der aufgeschäumten Butter anschwitzen und nur leicht würzen. Das Jakobsmuschelfleisch in dicke Scheiben schneiden und auf einen leicht mit Traubenkernöl und Zitronensaft eingeriebenen Teller legen – alles mit Klarsichtfolie abdecken und an einen warmen Ort stellen. Die Jakobsmuscheln sollen warm, aber nicht gar werden. Erst ganz zum Schluss leicht mit Pfeffer würzen. Den geschälten Apfel erst in dünne Scheibchen und dann in ganz feine Streifen schneiden.

2. Das Gemüse, die Champignons und den Apfel waschen, fein würfeln und langsam in der Butter anschwitzen. Mit Noilly Prat, Cidre und Apfelessig ablöschen, Fischfond sowie ein paar Minzblätter dazugeben und ca. 10 Minuten bei milder Hitze köcheln lassen. Dann die frische Sahne dazugeben und nochmals 10 Minuten köcheln lassen – leicht mit Salz, Pfeffer, Zitrone würzen. Alles mit einem Mixstab ganz fein pürieren und anschließend durch ein feines Haarsieb passieren. Die Sauce aufkochen, im letzten Moment die geschlagene Sahne, Crème fraîche sowie nochmals einen Schuss Cidre dazugeben und mit dem Mixstab kurz aufmixen.

3. Den angeschwitzten Zwiebellauch in die vorgewärmten Jakobsmuschelschalen geben, darauf dann die warmen Jakobsmuscheln und darauf die ganz fein geschnittenen Apfelstreifen. Jetzt alles mit der leicht aufgeschäumten Cidresauce umgießen.

Für 4 Personen

Jakobsmuschel
16 frische Jakobsmuscheln aus der Schale
grobes Meersalz
10 Stangen junger Zwiebellauch
50 g frische Butter
30 g Traubenkernöl
Saft von ¼ Zitrone
frisch gemahlener weißer Pfeffer
½ fester grüner Apfel (Granny Smith) geschält

Cidresauce
40 g Schalotten
40 g Fenchel
40 g Staudensellerie
60 g Champignons
80 g Granny Smith Apfel
40 g frische Butter
60 ml Noilly Prat
40 ml feiner Apfelessig
100 ml Cidre – trocken
200 ml Fischfond
etwas frische Minze
100 ml Sahne
Salz, Pfeffer, Zitrone
1 großer EL Crème fraîche
1 EL geschlagene Sahne

Tipp

Den kleinen Extra Schuss Cidre erst im letzten Moment dazugeben.
Das macht die Sauce frisch im Geschmack.

Fleisch

Gefülltes Kaninchen
Maibock mit Gewürzpaste
Kross gebratener Kalbsbauch
Rosa gegarter Tafelspitz
Salzwiesen-Lammkarree
Salzwiesenhuhn auf gebratenen Champignons
Gesottenes Hühnchen mit Karotten

Gefülltes Kaninchen

mit Kraut und Rübchen

Für 4 Personen

Kaninchen[1]
4 Kaninchenrückenstränge
feines Meersalz
frisch gemahlener weißer Pfeffer
4 EL feine Kalbs- oder
Kaninchenfarce
4 große blanchierte Spinatblätter
4 Scheibchen rohe Gänsestopfleber
40 ml Madeira
evtl. 4 Kaninchennieren oder
Kaninchenleber
40 g Butter

Kraut und Rübchen
1 Bund kleine, gelbe Möhren
1 Bund Möhren
1 Bund Navetten[2]
150 g kleine Kartoffeln
50 g Butter
100 ml trockener Weißwein
150 ml Gemüsefond
brauner Rohrzucker
feines Meersalz
frisch gemahlener weißer Pfeffer
150 g Weißkohlblätter
150 g Spitzkohlblätter
150 g junge Wirsingblätter
1 Stiel Estragon
4 Stiele Thymian
1 Knoblauchzehe (in Milch ca.
5 Minuten kochen)

1) Anstatt der Kaninchenröllchen kann man dieses Gericht mit ganzem geschmorten Kaninchen zubereiten
2) Mairüben, weiß, ähnlich den Teltower Rübchen

1. Die Rückenstränge vom Kaninchen von allen Sehnen befreien. Mit einem scharfen Messer längs einschneiden, so dass der Rückenstrang aufgeklappt werden kann – etwas Klarsichtfolie darauflegen und den Rückenstrang gleichmäßig glatt klopfen. Die Folie entfernen und das Fleisch ganz leicht mit feinem Meersalz und frisch gemahlenem weißen Pfeffer würzen. Nun mit der feinen Farce dünn bestreichen, das Spinatblatt auflegen und wieder ganz wenig von der feinen Farce aufstreichen. Jetzt die dünn geschnittene rohe Gänsestopfleber auflegen, mit feinem Meersalz, frisch gemahlenem weißen Pfeffer bestreuen und mit ganz wenig Madeira bepinseln. Vorsichtig die überstehenden Ränder abschneiden, ein Stückchen kurz angebratene Kaninchenniere oder -leber in die Mitte legen und alles zu einem schönen festen Röllchen zusammenrollen. In Alufolie wickeln und bei 80 °C Ofentemperatur ca. 40 Minuten in den Ofen legen. Die Röllchen auspacken – frische Butter in die Pfanne geben und die Röllchen in der braunen Butter vorsichtig ganz leicht anbraten – sofort wieder aus der Pfanne nehmen und aufschneiden.

2. Möhren, Navetten und Kartoffeln putzen und schälen, in der Hälfte der Butter anschwitzen, mit etwas Weißwein und Gemüsefond ablöschen und mit etwas braunem Rohrzucker, Meersalz und frisch gemahlenem weißen Pfeffer würzen. Abgedeckt am Herdrand ziehen lassen, bis die Rübchen und Kartoffeln gar sind. Die Rübchen aus dem Fond nehmen und diesen aufbewahren. Die Kohl- und Wirsingblätter klein zupfen und in stark gesalzenem Wasser kurz blanchieren, sofort in Eiswasser abschrecken, gleich abgießen und trocken tupfen. Nun die übrige Butter in einen Topf geben, aufschäumen lassen, die Rübchen darin anschwenken und die Kohlblätter dazugeben; alles kurz anschwitzen. Die Thymianzweige und den fein gehackten Estragon sowie den ganz fein gehackten Knoblauch dazugeben – jetzt den restlichen Rübchenfond dazugießen und alles nochmals leicht nachschmecken.

3. Die Rübchen und Kohlblätter schön auf dem Teller verteilen, die aufgeschnittenen Kaninchenröllchen dazugeben und alles mit der Bratbutter und dem Rübchensaft reichlich übergießen.

Maibock mit Gewürzpaste

mit Röstkaffeesauce, Erbsencreme
und gepfefferten Aprikosen

1. Die Mole auf einem Sieb ca. zwei Stunden ablaufen lassen, mit Kakao, Muscovadozucker und den gemahlenen Gewürzen mischen. Die Medaillons salzen und mit Pfeffer und Koriander würzen. In leicht brauner Butter mit dem Rosmarin vorsichtig von beiden Seiten ca. 2 Minuten braten. Aus der Pfanne nehmen und 10 Minuten an einem warmen Ort ruhen lassen. Von einer Seite dünn mit der Gewürzpaste bestreichen.

2. Den Kardamom und den Kaffee bei milder Hitze etwa 20 Minuten in der Butter anschwitzen. Den Wildfond dazugießen und um die Hälfte einkochen lassen, Gewürze zugeben und alles kurz ziehen lassen. Dann durch ein sehr feines Sieb geben und mit eiskalter Butter aufmontieren.

3. Die Schalotte kurz in Butter anschwitzen, die Erbsen zugeben und würzen. Die Sahne zu den Erbsen geben und einmal aufkochen. Im Mixer fein pürieren und durch ein sehr feines Sieb streichen. Das Erbsenpüree mit dem Kartoffelpüree mischen und mit Salz, Pfeffer, Zucker und Zitrone abschmecken. Zum Schluss die geschlagene Sahne unterrühren.

4. Die geviertelten Aprikosen mit den Schalotten in Sonnenblumenöl in einer großen Pfanne anbraten und mit dem Pfeffer würzen. Bei milder Hitze so lange weitergaren, bis die Aprikosen leicht kompottartig werden.

Für 4 Personen

Maibockrücken
80 g Mole Pablano (mexikanische Salsa)
½ EL Kakao
½ EL Muscovadozucker (karibischer, aromatischer Rohrzucker)
5 g Koriander, 5 g Piment
1 Sternanis, 1 Nelke
12 Medaillons à 60 g
Salz, Pfeffer und Koriander aus der Mühle
50 g Butter
1 Rosmarinzweig

Röstkaffeesauce
10 g Kardamomkapseln
20 g Kaffeebohnen
50 g Butter
300 ml kräftiger Wildfond
1 Lorbeerblatt
2 Wacholderbeeren
5 Pimentkörner
20 g eiskalte Butter

Erbsencreme
1 gewürfelte Schalotte
10 g Butter
200 g gekochte gepulte Erbsen
50 g Sahne
80 g Kartoffelpüree
Salz, frisch gemahlener Pfeffer
1 kleine Prise Zucker
ein paar Tropfen Zitrone
20 g geschlagene Sahne

Gepfefferte Aprikosen
12 reife Aprikosen
1 EL Schalottenwürfel
Sonnenblumenöl
Kubebenpfeffer aus der Mühle

Kross gebratener Kalbsbauch

mit Sellerie und Trompetenpilzen

Für 4-6 Personen
Marinierzeit: bis 36 Stunden

Kalbsbauch
150 g grobes Meersalz
50 g Zucker
20 g Senfsaat
20 g Koriandersamen
10 Pimentkörner
3 Lorbeerblätter
5 Wacholderbeeren
10 g Fenchelsamen
3 Knoblauchzehen, zerstoßen
3 Rosmarinzweige
3 Thymianzweige
1 kg Kalbsbauch ohne Knochen
20 g grober Senf
je 1 Zweig Rosmarin und Thymian
50 g Butter

Gebratener Sellerie
6 Scheiben Sellerie
(ca. 5 cm x 2,5 cm x 1,5 cm)
Meersalz, schwarzer Pfeffer
Sonnenblumenöl, Butter

Trompetenpilze
200 g Trompetenpilze
30 St sehr kleine Pfifferlinge
1 Schalotte, fein gewürfelt
Sonnenblumenöl
Meersalz, Pfeffer aus der Mühle
etwas gehackte glatte Petersilie

Anrichten
4-6 Scheiben Kalbsbauch
(ca. 5 cm x 2,5 cm x 1,5 cm)
etwas Instantmehl
Sonnenblumenöl, Fleur de Sel
50 g Butter
4-6 Pancetta-Chips

1. Das Salz, den Zucker und die Gewürze mit den Kräutern mischen und den Kalbsbauch damit einreiben. Mindestens 36 Stunden abgedeckt marinieren. Den Kalbsbauch gründlich abwaschen und 2 Stunden in kaltes Wasser legen.

2. Den Kalbsbauch mit dem Senf einreiben, mit Butter, Rosmarin und Thymian vakuumieren oder möglichst luftdicht verschließen. Bei 68 °C im Ofen zwischen 24 und 36 Stunden (je nach Dicke des Kalbsbauchs) garen. Den Bauch im Vakuum auskühlen lassen.

3. Den Sellerie in wenig Salzwasser weich kochen, gut trocken tupfen und mit Salz und Pfeffer aus der Mühle würzen. Im Öl vorsichtig von beiden Seiten braten und zum Schluss die Butter zugeben und kurz weiterbraten. Den Sellerie auf Küchenpapier warm stellen.

4. Beide Pilzsorten getrennt voneinander kurz in dem Öl mit den Schalotten anschwitzen, mit Salz und Pfeffer würzen und mit der Petersilie abschmecken. Danach auf Küchenkrepp warm stellen.

5. Die Scheiben vom Kalbsbauch dünn in Mehl wenden und in dem Öl goldgelb anbraten, die Butter zugeben und von der Kochstelle nehmen. Je eine Selleriescheibe auf den Teller legen und eine Scheibe vom gebackenen Kalbsbauch darauflegen. Mit dem Fleur de Sel leicht würzen und die Pilze darauf verteilen. Mit der Bratbutter umgießen und mit Pancetta-Chips garnieren.

Tipp

Man kann den vakuumierten Bauch auch bei 80 °C im Wasserbad garen. Die Garzeit beträgt dann etwa 6 bis 7 Stunden.

Rosa gegarter Tafelspitz

vom Sylter Weiderind mit Schmorgemüse

1. Den Tafelspitz mit Salz und Pfeffer würzen und in dem heißen Öl von allen Seiten gut anbraten, Kräuter und Knoblauch zugeben und kurz mitbraten. Alles zusammen in einen Bräter setzen und bei 80 °C ca. 8 Stunden garen.

2. Die Schalotten in einem weiten Topf mit dem Zucker und der Butter etwa 10 Minuten bei milder Hitze anschwitzen und mit Salz und Pfeffer würzen. Mit dem Essig und dem Noilly Prat ablöschen und vollständig einreduzieren. Den Fond und den Gewürzbeutel zufügen und leise köcheln lassen, bis die Schalotten weich sind.

3. Die Perlzwiebeln in Öl vorsichtig goldgelb anbraten, mit Salz, Pfeffer und Koriander würzen, mit Essig und Wein ablöschen und einkochen lassen. Lorbeer und Rosmarin zugeben und den Fond dazugießen und weichköcheln lassen.

4. Die Champignons putzen, waschen, halbieren, mit Salz und Pfeffer würzen und in Öl von allen Seiten goldgelb braten, zum Schluss die Butter zufügen und noch einmal kurz schwenken. Auf Küchenkrepp abtropfen lassen und warm stellen.

5. Die Navetten schälen und vierteln. In der Butter andünsten und würzen. Die Gewürze zugeben und mit Wein und Essig ablöschen und einkochen. Fond dazugießen und bei niedriger Temperatur weichköcheln lassen. Mit dem Navettenöl abschmecken.

6. Eine Stunde vor Ende der Garzeit des Tafelspitz das Gemüse zufügen und abgedeckt fertig garen. Den Tafelspitz nach dem aufschneiden mit Fleur de Sel und frisch gemahlenem schwarzen Pfeffer bestreuen.

Für 4 Personen

Tafelspitz
1 Tafelspitz von ca. 1 kg
gestoßener Malabarpfeffer
(schwarzer indischer Pfeffer)
Meersalz, etwas Sonnenblumenöl
je 2 Zweige Rosmarin und Thymian
3 St Knoblauchzehen in der Schale

Schmorgemüse
24 St Schalotten, geschält
20 g Butter
Meersalz, Zucker, Pfeffer
etwas Weißweinessig
50 ml Noilly Prat
100 ml Geflügelfond
Gewürzbeutel mit Lorbeer,
Piment, Wacholder, Senfsaat

20 Perlzwiebeln, geschält
Sonnenblumenöl
Salz, Pfeffer, Koriander aus
der Mühle
etwas weißer Balsamessig
30 ml Weißwein
je ein Lorbeerblatt und
Rosmarinzweig
150 ml Geflügelfond

6 Wiesenchampignons
Meersalz, Pfeffer aus der Mühle
Sonnenblumenöl, Butter

6 große Navetten (Mairübchen)
etwas Butter
Meersalz, Pfeffer aus der Mühle
1 Lorbeerblatt
3 Pimentkörner
etwas Weißweinessig
50 ml Weißwein
100 ml Geflügelfond
10 ml Navettenöl
Fleur de Sel, Pfeffer

Salzwiesen-Lammkarree

mit geschmorten Schalotten

Für 4 Personen

Lammkarree[1]
3 kleine gut durchwachsene
Lammkarrees à 4 Kotelettknochen
40 g Sonnenblumenöl
2 Rosmarinzweige
40 g geschmolzene Butter
etwas frisch gemahlener Pfeffer

Geschmorte Schalotten
12 große Schalotten
Meersalz, Pfeffer
40 g gesalzene Butter
etwas Sonnenblumenöl
eine Prise Zucker

Perlzwiebeln
300 g kleine Perlzwiebeln
etwas Butter
Gemüsefond
1 Thymianzweig
Zucker, Meersalz, Pfeffer

Pilzölpaste
150 g gewaschene Herbsttrompeten
1 fein geschnittene Schalotte
etwas Meersalz
frisch gemahlener schwarzer Pfeffer
Sonnenblumenöl

[1] Jedes Stück Fleisch reagiert etwas anders. Es sind einfach sehr viele Faktoren, die das Fleisch beeinflussen. Absolut ausschlaggebend ist die Fettschicht, das Alter des Tieres und der Reifegrad, also wie lange das Fleisch schon abgehangen ist. Das Karree soll zartrosa gebraten und mind. 15 Minuten geruht haben, damit sich das Fleisch wieder etwas entspannt und der Fleischsaft sich gleichmäßig verteilen kann.

1. Die Lammkarrees auf der Fettseite mit einem scharfen Messer leicht einritzen, dann mit der Fettseite nach unten in eine kalte Pfanne mit wenig Sonnenblumenöl legen und langsam erhitzen. Wenn die Fettschicht leicht bräunlich wird, das restliche Sonnenblumenöl dazugeben und die Karreestücke von allen Seiten schön vorsichtig anbraten. Rosmarinzweige dazugeben und alles bei 140 °C ca. 5-7 Minuten in den Backofen schieben. Jetzt erst die Butter dazugeben und alles regelmäßig damit übergießen. Dann die Karreestücke mindestens 15 Minuten an einem warmen Ort ruhen lassen. Kurz vor dem Servieren nochmals ganz kurz mit der Fettseite in eine heiße Pfanne geben, damit die Fettschicht besonders heiß und knusprig ist.

2. Die Schalotten mit Schale halbieren. Backofenblech großzügig mit Öl einstreichen, würzen mit einer kleinen Prise Zucker, feinem Meersalz und frisch gemahlenem schwarzen Pfeffer. Die Schalotten mit der Schnittfläche auf das Backblech legen und bei 160 °C im Ofen ca. 25 Minuten garen. Die Schalotten sollen schöne Röststoffe haben, aber keinesfalls zu dunkel werden.

3. Die kleinen Perlzwiebeln schälen und in Butter anschwitzen. Gemüsefond, Thymianzweig, eine kleine Prise Zucker, Meersalz und Pfeffer aus der Mühle dazugeben. Die Zwiebelchen im Fond weichschmoren lassen, herausnehmen und den Fond ganz einkochen. Kurz vor dem Anrichten nochmals in dem reduzierten Fond schwenken.

4. Die Pilze in einer sehr heißen Pfanne mit etwas Sonnenblumenöl kurz mit den fein gehackten Schalotten anschwitzen, würzen und auskühlen lassen. Die entstandene Flüssigkeit nicht abgießen. Die Pilze sehr fein hacken und reichlich Sonnenblumenöl dazugeben, so dass eine dickflüssige Masse entsteht. Diese mit dem Stabmixer einmal leicht anmixen.

5. Das Lammkarree aufschneiden – nochmals leicht würzen – die Schalotten in der Schale und die Perlzwiebeln dazugeben und etwas von der Trompetenpilz-Paste dazugeben.

Salzwiesenhuhn auf gebratenen Champignons

mit Wildkräuterspinat und Leinöl

1. Die Butter in einem Topf aufschäumen, die Schalotten darin anschwitzen und schön glasig dünsten. Jetzt mit der Milch ablöschen und alle anderen Gewürze und Kräuter dazugeben. Danach vorsichtig abschmecken und auf 85 °C erhitzen. Die Hühnerbrüste in die Gewürzmilch legen und bei konstant 80 °C 25 Minuten ziehen lassen. Die Temperatur nicht erhöhen, sondern gegebenenfalls die Garzeit verlängern. Dadurch bleibt die Hühnerbrust saftig und zart.

2. Die geputzten Champignons in grobe Scheiben schneiden, damit diese von allen Seiten kurz angebraten werden können, ohne dass sie anfangen zu wässern oder zu weich zu werden. Das Traubenkernöl erhitzen, die Wiesenchampignons dazugeben und sehr rasch von allen Seiten anbraten. Jetzt muss alles schnell gehen: Die Butter in die Pfanne geben, aufschäumen lassen, dann die fein geschnittenen Schalotten und die Knoblauchzehe dazu – alles kurz schwenken – Blattpetersilie und den Zitronensaft dazugeben, mit Salz und Pfeffer würzen und alles aus der Pfanne nehmen. Knoblauchzehe entfernen und die Wiesenchampignons auf einen vorgewärmten Teller legen.

3. Die Wiesenkräuter und den jungen Spinat in mundgerechte Stücke zupfen und von allen Stielen befreien, kurz waschen, trockenschleudern. Butter in einer großen Pfanne aufschäumen lassen, Schalotte dazugeben, kurz schwenken, jetzt die Wiesenkräuter und den Spinat dazugeben, mit Salz, Pfeffer und Muskat würzen und aus der Pfanne nehmen. Die Wiesenkräuter und der Spinat sollen sich beim Schwenken gut vermengen und maximal 10 Sekunden in der Pfanne bleiben.

4. Reduzierten Geflügelfond, Thymianzweig, Öl vermengen und abschmecken. Die Hühnerbrust aus der Gewürzmilch nehmen, trocken tupfen, mit Butter abpinseln, darauf den Kräuterspinat geben und alles auf die Champignons legen. Mit der Geflügelfond-Öl-Mischung umgießen.

Tipp

Man kann die Wiesenchampignons – wie oben beschrieben – zubereiten und dann mit einer ganz leichten Marinade aus Traubenkernöl, Obstessig, Meersalz, weißem Pfeffer einlegen und kalt als Salat oder Beilage essen.

Für 4 Personen

Salzwiesenhuhn
40 g gesalzene Butter
3 Schalotten in Scheibchen
300 ml frische Vollmilch
2 Thymianzweige
2 Rosmarinzweige
1 Lorbeerblatt
½ geschälte Knoblauchzehe
Meersalz
weißer frisch gemahlener Pfeffer
4 kleine Hühnerbrüste (ohne Haut)

Champignons
300 g große feste Wiesenchampignons
30 ml Traubenkernöl
40 g gesalzene Butter
2 fein geschnittene Schalotten
1 geschälte Knoblauchzehe
1 EL fein gehackte Blattpetersilie
10 Tropfen Zitrone
Meersalz
frisch gemahlener weißer Pfeffer

Wildkräuterspinat
80 g gemischte Wiesenkräuter, wie z. B. Sauerampfer, Spitzwegerich, Strandportulak, fette Henne, Giersch, Melde
80 g junger Spinatsalat
30 g Butter
1 fein geschnittene Schalotte
Meersalz
frisch gemahlener weißer Pfeffer
etwas frisch geriebener Muskat

Leinöl
500 g Geflügelfond auf ca. 150 g einkochen lassen
1 Thymianzweig
50 g frisches Leinöl
25 g Traubenkernöl
evtl. etwas Meersalz und frisch gemahlener weißer Pfeffer

Gesottenes Hühnchen

mit geschmorten Karotten und Petersilien-Vinaigrette

Für 4 Personen

Gesottenes Hühnchen
1 Salzwiesenhuhn à ca. 1,2 kg
(oder ein junges Bauernhuhn)
Salz, 4 Pimentkörner
1 TL weiße Pfefferkörner
je 3 EL gewürfelte Karotten, Lauch
und Knollensellerie
je 2 EL gewürfelter Fenchel und
Staudensellerie
grobes Meersalz, gemahlener Piment
frisch gemahlener weißer Pfeffer
1 Msp. geriebene Zitronenschale

Schmorkarotten
30 g Butter
1 TL brauner Rohrzucker
16 Bundmöhren
40 ml Noilly Prat
1 kleines Stück Ingwer
1 TL eingelegter grüner Pfeffer
grobes Meersalz
100 ml leichter Gemüsefond

Petersilien-Vinaigrette
80 ml frische Blattpetersilie
30 ml Apfelessig
30 ml Geflügelfond
Meersalz
frisch gemahlener weißer Pfeffer
etwas Limonensaft
ein Spritzer Tabasco
30 ml Traubenkernöl
50 ml Rapsöl

1. Das Salzwiesenhuhn in kaltem Wasser zustellen, schwach salzen. Zum Kochen bringen, dabei den aufsteigenden Schaum abschöpfen. Etwa 90 Minuten bei niedriger Hitze köcheln lassen. Nach 45 Minuten Piment- und Pfefferkörner, Meersalz und geriebene Zitrone sowie gewürfelte Karotten, Lauch, Knollensellerie, Fenchel und Staudensellerie hinzufügen. Am Ende der Garzeit das Huhn herausnehmen, die Haut abziehen, beiseite legen. Das Fleisch auslösen und in mundgerechte Stücke schneiden. Den Fond auf die Hälfte einkochen, durch ein Sieb geben und die Fleischstücke darin aufbewahren.

2. Butter und Zucker leicht karamellisieren, die Bundmöhren dazugeben und mit Noilly Prat ablöschen. Dann die weiteren Gewürze dazugeben, abschmecken und alles abgedeckt am Herdrand ca. 40 Minuten langsam weich garen. Danach die Karotten schnell abkühlen.

3. Die gewaschene Blattpetersilie durch den Entsafter geben und den Petersiliensaft mit Essig, Geflügelfond und den Gewürzen vermengen, dann mit den Ölen vermischen.

4. Die Fleischstücke in dem einreduzierten Geflügelfond langsam warm werden lassen. Die Schmorkarotten aus dem Fond nehmen, trockentupfen und in einer Pfanne vorsichtig von allen Seiten ganz leicht anbraten – etwas salzen und pfeffern. Die Fleischstücke aus dem Fond nehmen und mit den Karotten nebeneinander auf dem Teller anordnen und mit reichlich Petersilien-Vinaigrette umgießen – die Fleischstücke mit etwas grobem Meersalz und frisch gemahlenem weißen Pfeffer bestreuen.

Tipp

Als kleine Beilage passen gebackene Blätter der glatten Petersilie sehr gut dazu.

Gemüse

Kartoffelravioli mit Schafsfrischkäse
Artischockensalat
Marinierte Rote Bete
Nudelrisotto
Kleine Pfifferlings-Arie
Pikante eingelegte Kirschtomaten

Kartoffelravioli mit Schafsfrischkäse

und Oliven mit Tomaten-Pinienkern-Vinaigrette

Für 4 Personen

240–300 g Schafsfrischkäse

Ravioliteig
400 g doppelgriffiges Mehl (auch Dunst oder Spätzlemehl genannt, etwas gröber gemahlen)
40 ml Sonnenblumenöl
40 ml Milch, 3 Eier
1 große Prise Salz
40 g Butter

zum Bepinseln:
1 Eigelb, 30 ml Milch

Stampfkartoffeln
100 g mehlige Kartoffeln
40 ml Gemüsefond
etwas Meersalz, frisch gemahlener weißer Pfeffer, Weißweinessig und Traubenkernöl

Vinaigrette
80 g Distelöl
50 g Traubenkernöl
20 g Apfelessig
20 g dunkler Balsamico-Essig
1 Prise Zucker, Meersalz
frisch gemahlener schwarzer Pfeffer
50 ml Gemüsefond
2 EL frisch gehackte Blattpetersilie
2 EL kleine Tomatenwürfel ohne Haut
2 EL grob gehackte und frisch geröstete Pinienkerne

1. Für den Ravioliteig Mehl, Öl, Milch, Salz und Eier zu einem glatten, geschmeidigen Teig verkneten. Mit Klarsichtfolie abdecken und eine Stunde im Kühlschrank ruhen lassen.

2. Für die Kartoffelfüllung: Kartoffeln schälen, vierteln und mit Salzwasser weich kochen. Nur so viel Salzwasser verwenden, dass nichts abgegossen werden muss, damit die restliche Flüssigkeit zum Stampfen verwendet werden kann. Mit dem Gemüsefond auf die gewünschte Konsistenz verdünnen. Die Kartoffelmasse soll noch kleine Stückchen enthalten und sämig sein. Mit Meersalz, weißem Pfeffer, Weißweinessig und etwas Traubenkernöl abschmecken.

3. Den Ravioliteig dünn ausrollen. Ein Eigelb mit etwas Milch verquirlen und den Teig damit bepinseln. Pro Ravioli ½ EL Kartoffelfüllung aufsetzen und mit dem Ravioliteig schließen. Teigränder gut andrücken, ausschneiden oder ausstechen und in leicht kochendem Salzwasser ca. 2 Minuten garen. Die Ravioli auf einem Tuch abtropfen lassen und in einer Pfanne mit brauner Butter schwenken.

4. Zuerst die Essige, den Gemüsefond und die Gewürze miteinander vermengen. Dann die Öle und alle weiteren Zutaten dazugeben und mindestens 30 Minuten ziehen lassen, dann nochmals vorsichtig nachschmecken. Das Dressing darf nicht zu sauer sein.

5. Die Ravioli auf einen Teller legen, den Schafsfrischkäse in kleinen Stückchen dazugeben und die Ravioli mit der lauwarmen Vinaigrette übergießen.

Tipp

Man kann die Kartoffelfüllung auch gleich mit etwas von dem Schafsfrischkäse vermengen. Ich finde allerdings den Kontrast schöner, wenn alles nach dem schmeckt, was es ist. Außerdem wird der Frischkäse im warmen Zustand sehr weich und schmeckt nicht mehr ganz so frisch. Wir verwenden hauptsächlich zwei Sorten Schafsfrischkäse – einmal ganz natur nur mit etwas frisch gemahlenem Pfeffer bestreut und einmal mit fein gehackten frischen Kräutern und etwas Knoblauch.

Artischockensalat

mit knusprigen Brotscheibchen und Strandportulak

1. Alle Zutaten für die Marinade vermischen. Die rohen Artischockenböden auf dem Trüffelhobel in dünne Scheiben hobeln. Sofort mit der Marinade reichlich beträufeln, mit Klarsichtfolie und Alufolien abdecken und maximal 5 Minuten ziehen lassen. Die Flaschentomaten häuten, entkernen und vierteln und auf ein geöltes Backofenblech legen, mit etwas Sonnenblumenöl beträufeln, leicht mit Meersalz und frisch gemahlenem Pfeffer würzen sowie ein paar Thymian- und Rosmarinzweige dazulegen und bei 110 °C im Umluftofen ca. 30 Minuten garen. Die Tomaten sollen nicht braun werden, sondern nur Flüssigkeit verlieren und konzentrierter im Geschmack werden.

2. Die Baguettestange in dünne Scheibchen schneiden. Sonnenblumenöl erhitzen, mit etwas Rosmarin und Knoblauch leicht aromatisieren und die Baguettescheibchen darin ganz kurz von beiden Seiten knusprig backen.

3. Den frisch geernteten Strandportulak kurz waschen und die Blätter von den Stielen zupfen. Die Artischockenstreifen mit dem Strandportulak und den Brotscheiben mischen – wieder etwas Marinade dazugeben und jetzt erst die Tomaten zum Artischockensalat geben und alles auf einem Teller anrichten. Zum Schluss mit reichlich Marinade beträufeln, etwas grobes Meersalz und frisch gemahlenen schwarzen Pfeffer darüberstreuen.

Für 4 Personen

Marinade
8 EL Olivenöl
6 EL Sonnenblumenöl
4 EL alter Sherryessig
Saft von einer halben Limone
1 TL mildes Knoblauchöl
etwas frisch gemahlener weißer
Pfeffer, Meersalz

Artischocken
6 große, sauber geputzte
Artischockenböden
6 Flaschentomaten
10 große Zweige Strandportulak[1]
1 kleine dünne Baguettestange,
halb gebacken
Olivenöl, Sonnenblumenöl
Rosmarin, Thymian
1 Knoblauchzehe
Meersalz
frisch gemahlener schwarzer Pfeffer

[1] Leider gibt es dieses sensationelle Kraut nur von Mai bis Oktober an den Marschwiesen und Flutkanten der Nord- und Ostsee – alternativ würde ich herzhafte Brunnenkresse oder Mesclin-Salat (das ist eine provenzalische Salatmischung) vorschlagen.

Tipp

Die Ofentomaten kann man auch sehr gut auf Vorrat herstellen. Nach dem Garen im Ofen auskühlen lassen – dann in ein Glas oder Porzellangefäß geben und mit sehr gutem, fruchtigen Olivenöl und ein paar Kräuterzweigen bedecken. So halten sich die Tomaten 1–2 Wochen. Zur Aufbewahrung kein Plastikgefäß verwenden, da die Tomatensäure den Kunststoff angreift. Dekorativ in einem Einmachglas, mit blanchierten Knoblauchzehen, Rosmarin und Thymianzweigen ist das ein wunderbares Geschenk für genusssüchtige Freunde.

Nudelrisotto

mit gehobeltem grünen Spargel

Für 4 Personen

2 fein geschnittene Schalotten
30 ml Olivenöl
400 g feines Nudelrisotto
30 ml Noilly Prat
100 ml leichter Geflügelfond
1 Lorbeerblatt
1 Thymianzweig
Meersalz
frisch gemahlener weißer Pfeffer
1 TL mildes Knoblauchöl
30 g eiskalte Butterflocken
30 g geriebener Comté
(frz. Hartkäse)
2 EL Bierschaum
10 geschälte grüne Spargelstangen

1. Die Schalotten schälen, fein würfeln und in dem Olivenöl glasig dünsten. Den Nudelrisottoreis dazugeben, kurz mitdünsten, dann mit dem Noilly Prat ablöschen. Den Risotto vorsichtig am Herdrand köcheln lassen, bis die Flüssigkeit vollständig aufgesogen ist. Mit Geflügelbrühe aufgießen, Knoblauchöl, Lorbeer und Thymian dazugeben. Den Risotto unter ständigem Rühren bei schwacher Hitze garen. Mit Meersalz und frisch gemahlenem weißen Pfeffer abschmecken. Kurz vor dem Servieren die eiskalten Butterflocken und den Comté einrühren und erst ganz zum Schluss den Bierschaum unterheben. Nochmals vorsichtig nachschmecken.

2. Den geschälten grünen Spargel (die Köpfe werden natürlich nicht geschält) in etwa 6-7 cm lange Stücke schneiden und auf einem Trüffelhobel hauchdünn hobeln. Das ist ein bisschen mühsam, aber es lohnt sich. Der Spargel verbreitet durch das ganz feine Aufhobeln einen besonders frischen und intensiven Duft. Nur ganz leicht mit Meersalz und einer kleinen Prise frisch gemahlenem Pfeffer bestreuen und sofort auf das Nudelrisotto geben.

Anmerkung

Es gibt verschiedene Sorten von Nudelrisotto. Wir verwenden italienische oder sizilianische, ganz kleine feine Risottonudeln. Die Nudeln werden nur aus Hartweizengrieß und ohne Ei in Form von sehr kleinen Reiskörnern hergestellt.

Kleine Pfifferlings-Arie

Pfifferlings-Lasagne
Grießnocken mit Pfifferlingen à la crème
Pfifferlings-Ravioli

Pfifferlings-Lasagne

Alle Rezepte für 4–8 Personen

Nudelteig
200 g doppelgriffiges Mehl
20 ml Sonnenblumenöl
20 ml Milch
1 Ei
1 große Prise Salz

Pfifferlinge
200 g frische Pfifferlinge
50 g Butter
1 TL fein geschnittene Schalotten
1 EL fein geschnittener Schnittlauch
Meersalz
frisch gemahlener weißer Pfeffer

1. Alle Zutaten für den Nudelteig vermengen und zu einem glatten, geschmeidigen Teig verkneten. Mit Klarsichtfolie abdecken und 1 Stunde im Kühlschrank ruhen lassen. Die Hälfte des Nudelteiges dünn ausrollen und mit einem Ausstecher (s. Tipp) 4 cm kleine Ringe ausstechen (die andere Hälfte wird für die Ravioli verwendet). Pro Portion benötigen Sie 3 Blätter. Diese in Salzwasser weichkochen, in Eiswasser abschrecken und nochmals mit dem gleichen Ring ausstechen.

2. Die Pfifferlinge vorsichtig am Strunk putzen, kurz waschen, sofort trockenschleudern und auf ein Tuch legen. Die etwas größeren Pfifferlinge halbieren oder vierteln. Die Butter in einer Pfanne bei starker Hitze aufschäumen lassen, Schalotten und Pfifferlinge dazugeben, rasch anschwitzen und vom Herd nehmen, Schnittlauch, Salz und Pfeffer untermischen und ca. 2 Minuten ziehen lassen.

3. Für die Lasagne ein Nudelblatt in den Metallring legen. Einen Löffel von den Pfifferlingen darauf verteilen und gut festdrücken. Diesen Vorgang zweimal wiederholen. Mit einem Nudelblatt abschließen und nochmals gut festdrücken, erst dann den Metallring abziehen.

Tipp

Verwenden Sie für die Lasagne Metallausstecher, da diese die Hitze besser leiten. Setzen Sie alles auf einem Backblech zusammen, stellen Sie das Blech dabei auf einen warmen Topf, damit die Lasagne beim Anrichten nicht kalt wird. Sie können die Lasagne auch mit hitzebeständiger Klarsichtfolie bedeckt ca. 2 bis 3 Minuten in den auf 100 °C vorgeheizten Backofen geben. Wichtig ist, dass die Nudelblätter weich sind und vor dem Zusammensetzen nochmals ausgestochen werden, damit wirklich alle Nudelblätter die gleiche Form haben. Verwenden Sie nur ganz frische Pfifferlinge – die Saison beginnt im Juni und endet in der zweiten Augusthälfte. Halbieren oder vierteln Sie die Pfifferlinge erst nach dem Waschen, da sie sich sonst zu sehr mit Wasser vollsaugen.

Kleine Pfifferlings-Arie

Grießnocken mit Pfifferlingen à la crème

1. Die Butter sehr schaumig rühren, das Ei dazugeben und die Masse wieder glattrühren. Eine kleine Prise Mehl darüberstäuben und den Teig wieder glatt rühren. Eine weitere Prise Mehl darüberstäuben und den Hartweizengrieß dazugeben. Erneut glattrühren, mit etwas Meersalz, weißem Pfeffer und frisch gemahlenem Muskat abschmecken. Etwa 10 Minuten kühl stellen.

2. Mit zwei Suppenlöffeln kleine Nocken abstechen und in kochendes Salzwasser geben. Den Topf zudecken und bei schwacher Hitze 3 bis 4 Minuten ziehen (nicht kochen) lassen. Eine halbe Tasse kaltes Wasser dazugeben, wieder auf die Kochstelle stellen, kurz aufkochen lassen, abdecken und erneut bei schwacher Hitze 3 bis 4 Minuten ziehen lassen. Diesen Vorgang noch einmal wiederholen. Dann die Grießklößchen vorsichtig aus dem Salzwasser nehmen und trockentupfen. In einer beschichteten Pfanne mit etwas frischer Butter von allen Seiten kurz wenden.

50 g Butter
1 Ei
etwas Mehl
100 g Hartweizengrieß
Meersalz
weißer Pfeffer
Muskat
Butter zum Braten

Pfifferlings-Ravioli

1. Die Frühlingszwiebeln putzen, dabei die dunkelgrünen Enden entfernen, waschen und die Champignons klein schneiden. Etwas Butter in einem Topf aufschäumen lassen, die Frühlingszwiebeln und die Champignons dazugeben, 3 bis 4 Minuten anschwitzen, mit etwas Meersalz, einer ganz kleinen Prise Zucker, 2 bis 3 Tropfen Zitronensaft sowie etwas frisch gemahlenem weißen Pfeffer würzen. 5 Minuten abgedeckt bei schwacher Hitze ziehen lassen und sofort abkühlen.

2. Den restlichen Nudelteig dünn ausrollen. Eigelb mit etwas Milch verquirlen und den Teig dünn damit bepinseln. Pro Ravioli 1/2 EL Füllung aufsetzen und mit dem Nudelteig schließen. Teigränder gut andrücken, ausschneiden oder ausstechen. Kurz vor dem Servieren in leicht kochendem Salzwasser ca. 2 Minuten garen. Ravioli auf einem Tuch abtropfen lassen und kurz in einer Pfanne mit brauner Butter schwenken.

Raviolifüllung
100 g kleine Frühlingszwiebeln
2 feste weiße Champignons
etwas Butter
Meersalz
Zucker
Zitronensaft
weißer Pfeffer

1 Eigelb
etwas Milch
etwas Butter

Nudelteig
siehe Rezept S. 104

Kleine Pfifferlings-Arie

Brotknödel
30 g fein geschnittene Schalotten
40 g fein geschnittene Frühlingszwiebeln
30 g Butter
100 g Weißbrotwürfel ohne Rinde
60 g frisches Graubrot ohne Rinde in Würfeln
100 ml lauwarme Milch
1-2 Eier
1 EL fein gehackte Blattpetersilie
Salz, Pfeffer, Muskat
Butter zum Braten

Braune Brösel
100 g getrocknete Briochebrösel
60 g Butter, Salz

Pfifferlinge à la crème
30 ml Sonnenblumenöl
2 fein geschnittene Schalotten
1 EL kleine Speckwürfelchen
300 g kleine, feste, geputzte Pfifferlinge
2 Stangen frischer Frühlingslauch in Ringen
100 g geschlagene Sahne
Pfeffer, Meersalz
2 EL fein geschnittener Schnittlauch

Anrichten

1. Die Schalotten und Frühlingszwiebeln in Butter anschwitzen, die Brotwürfel dazugeben und kurz mitschwitzen. Die Mischung in eine Schüssel geben, warme Milch, die Eier, Gewürze und Kräuter miteinander vermengen und über die Brotwürfel geben. Gut vermischen und abgedeckt etwa 20 Minuten ziehen lassen. Danach nochmals abschmecken. Aus dem Teig kleine Knödel formen und in kochendes Salzwasser geben. Die Knödel ca. 10 Minuten ziehen lassen, trockentupfen und kurz in einer Pfanne mit etwas Butter schwenken.

2. Die getrockneten Briochebrösel und die Butter in eine Pfanne geben und unter ständigem Rühren goldbraun rösten. Sofort in ein kaltes Gefäß umfüllen, sonst bräunt das Brot zu sehr nach. Mit einer kleinen Prise Salz würzen.

3. Das Sonnenblumenöl in der Pfanne erhitzen, die Schalotten und Speckwürfelchen dazugeben und kurz anschwitzen. Bei starker Hitze die Pfifferlinge dazugeben und 20 bis 30 Sekunden anschwitzen. Die Frühlingslauchringe und die geschlagene Sahne dazugeben und nur 10 Sekunden köcheln lassen. Mit etwas frisch gemahlenem weißen Pfeffer und Meersalz würzen. Zum Schluss den Schnittlauch dazugeben.

4. Einen Teil der Pfifferlinge à la crème in die kleinen Töpfchen geben. Die kleinen Brotknödel mit den gerösteten Briochebröseln drauflegen. Die restlichen Pfifferlinge à la crème sind für die Grießnocken und für die Raviolis.

Tipp

Nehmen Sie für die Pfifferlinge eine große Pfanne. Die Pilze kurz und schnell sautieren, damit sie nicht zu viel Wasser verlieren. Zudem kocht die Sahne schneller ein und wird perfekt sämig.

Marinierte Rote Bete

mit Arganöl, Meersalz und gehobeltem Schafshartkäse

1. Rote Bete mit Schale waschen, auf ein Backofenblech legen und mit etwas Meersalz, den Kräutern und den Gewürzen leicht bedecken – alles mit Alufolie abdecken und bei 140 °C im Ofen ca. 50 Minuten garen. Der Garpunkt hängt natürlich im Wesentlichen von der Größe der Rote-Bete-Knollen ab. Die Bete soll weich, aber nicht verkocht sein.

2. Alle Zutaten für die Marinade vermischen. Die Bete auf dem übrigen Salz auskühlen lassen. Dann schälen, in grobe Segmente schneiden und in der Marinade ca. 1 Stunde ziehen lassen. Alles zusammen einmal aufkochen und je nach Geschmack noch etwas nachwürzen.

3. Die Rote Bete aus der Marinade nehmen und direkt auf den Teller legen, dabei nicht abtropfen lassen, mit reichlich Arganöl übergießen, grobes Meersalz und frisch gemahlenen schwarzen Pfeffer darüber streuen und dann den Schafshartkäse auf dem Trüffelhobel in feine Streifen hobeln und zur Roten Bete geben – fertig. Besonders gut passen dazu auch ein paar Wildkräuterzweige, frischer Schnittlauch und fein gehobelte Haselnüsse.

Für 4 Personen

Rote Bete
8 kleine Rote Beten
500 g grobes Meersalz
2 Lorbeerblätter
3 Sternanis
2 Thymianzweige
20 schwarze Pfefferkörner

Marinade
½ l Wasser
100 g Zucker
50 g Salz
1 EL Honig
Lorbeer, Sternanis, Kardamom,
schwarze Pfefferkörner,
60 ml Himbeeressig
40 ml dunkler Apfelessig
200 g Sonnenblumenöl

etwas Arganöl
Salz, frisch gemahlener Pfeffer
80 g Schafskartkäse

Anmerkung

Die Rote Bete soll nicht zu stark mariniert sein und natürlich kann man sie auch auf Vorrat herstellen. Arganöl ist ein ganz besonders feines, hocharomatisches und gesundes Öl. Der Arganbaum ist vom Aussterben bedroht und fast nur noch in Biosphärenreservaten in Marokko zu finden. Die Arganfrüchte sind pflaumen- oder olivenähnliche Früchte. Die Ölausbeute ist sehr gering. Arganöl hat einen sehr hohen Vitamin E-Anteil und ist sehr reich an ungesättigten Fettsäuren und Linolsäuren. Das Öl verdirbt sehr rasch und verliert schnell bei unsachgemäßer Lagerung (stets kühl und dunkel aufbewahren) seinen feinen Duft. Kaufen Sie das Arganöl nur im guten Fachgeschäft. Ersatzweise kann auch ein gutes Haselnussöl verwendet werden.

Pikante eingelegte Kirschtomaten

Für 4 Personen
Marinierzeit: ca. 2 Tage

100 g Olivenöl
40 kleine vollreife Kirschtomaten
400 g Tomatensaft
4 geschälte Knoblauchzehen
2 Rosmarinzweige, 2 Thymianzweige
2 EL Korianderkörner
1 EL Senfkörner, 1 Lorbeerblatt
2 Sternanis
etwas Tabasco und Zitronenpfeffer (Sancho)
Meersalz, schwarzer Pfeffer aus der Mühle
3–5 kleine frische Chilischoten
2 EL frisch geschnittener Ingwer
2 EL Honig
100 g Süß-Sauer-Sauce (Asia-Produkt)

1. Olivenöl in einer Pfanne erhitzen, die Kirschtomaten dazugeben und kurz anbraten, so dass diese ganz leicht aufplatzen. Mit dem Olivenöl zusammen in eine Schüssel geben und zur Seite stellen.

2. Jetzt den Tomatensaft aufkochen und alle anderen Zutaten dazugeben. Das Ganze etwa 20 Minuten leicht köcheln lassen und pikant abschmecken. Diese Marinade soll pikant, aber nicht zu scharf sein. Süße und Schärfe sollen gut ausgewogen sein. Alles durch ein feines Sieb passieren, dann die Kirschtomaten mit dem Olivenöl dazugeben und alles zusammen nochmals aufkochen. Mindestens zwei Tage durchziehen lassen.

Tipp

Diese pikanten Tomaten lassen sich sehr gut auf Vorrat herstellen und halten mindestens 8–10 Tage. Sie passen sehr gut zu Pasta, Salaten, Hühnchen und als vegetarische Beilage.

Desserts

Maiseis auf Kaffeegelee und Knusperblättern
Friesischer Brot- und Butterpudding
Ragout von Banane, Ananas und Ingwer
Warmer Walnussauflauf
Dreierlei gebrannte Creme
Waldbeereistöpfchen

Maiseis auf Kaffeegelee und Knusperblättern

Für 4 Personen

Maiseis
500 g Mais aus der Dose
100 ml Wasser
40 g Glucose
80 g brauner Rohrzucker
6 El gerösteter Maisgrieß
400 ml Milch
100 ml Kondensmilch

Kaffeegelee
1 ½ Blätter Gelatine
100 g Espresso
70 g Filterkaffee
20 g Tia Maria (Kaffeelikör)
100 g Läuterzucker
5 g Instantkaffee
1 ½ Blätter Gelatine

Schokoladenknusperblätter
65 g Butter
35 g Kakao
180 g Puderzucker
20 g Glucose
90 g frisch gepresster passierter Orangensaft
40 g Mehl
30 g Grand Marnier

1. Mais, Wasser, Glucose und gegebenenfalls Zucker zusammen in einen Topf geben, 5 Minuten leicht kochen lassen, dann sehr fein mixen und durch ein Sieb passieren.

2. Den Maisgrieß in einer Pfanne ohne Fett gleichmäßig rösten; danach in 200 ml lauwarmer Milch (darf nicht heißer als 60 °C sein) 30 Minuten ziehen lassen und ebenfalls durch ein Sieb passieren.

3. Kondensmilch und übrige kalte Milch mit den beiden Massen aus Mais mischen und in der Eismaschine frieren.

4. Die Gelatine einweichen und alle Zutaten unter den heißen Kaffee mischen, so dass sich die Gelatine klumpenfrei auflöst. Die Masse in Suppenteller gießen und erkalten lassen. Nach dem Erkalten in sehr kleine Stücke schneiden.

5. Die Butter schmelzen und den gesiebten Kakao und Puderzucker einrühren. Die Glucose mit dem Saft aufkochen und unter die Butter-Kakao-Masse rühren. Dann ebenfalls das Mehl und den Grand Marnier unterrühren. Den Teig hauchdünn auf Backpapier aufstreichen und bei 180 °C knusprig backen. In Blätter brechen.

6. Mit einem Esslöffel oder Eisportionierer Kugeln vom Eis abstechen und auf einem Teller mit dem Kaffeegelee und den Knusperblättern anrichten.

Friesischer Brot- und Butterpudding

mit Backpflaumenragout und Vanillesauce

1. Eine feuerfeste Form mit der Butter ausstreichen und die in etwas schwarzem Tee eingeweichten und abgetropften Rosinen daraufgeben. Das gebackene Baguette in Scheiben schneiden und leicht überlappend in die Form einlegen. Die Milch mit der Sahne, der Vanille und der Prise Salz erwärmen. Die Eier mit dem Zucker weißschaumig schlagen und unter die Sahne-Milch-Masse geben. Dieses nun gut vermengen, kurz erhitzen und vorsichtig über die Baguette-Scheiben geben. Die Form bei 140 °C ca. 40 Minuten im Wasserbad pochieren. Nach dem Garen den Pudding mit der glatt gekochten Aprikosenkonfitüre reichlich bestreichen und warm stellen.

2. Die entkernten Pflaumen in kleine Segmente schneiden und in einem Topf anschwitzen und mit dem Orangensaft zu einem Kompott kochen. Nur ganz leicht mit frischer Vanille und wenig geriebener Zitrone würzen. Das Kompott darf etwas säuerlich sein.

3. Die Milch und die Sahne mit den aufgeschnittenen und ausgeschabten Vanillestangen aufkochen. Die Eigelbe mit dem Zucker sehr schaumig schlagen und zur heißen Vanille-Sahne-Milch geben. Alles gut miteinander vermengen und bei schwacher Hitze »abziehen«, d. h. mit dem Kochlöffel rühren, bis eine dickliche Konsistenz erreicht ist. Die Masse durch ein Sieb geben, dabei die Vanilleschoten gut ausdrücken, dann kalt stellen. Diese Vanillemasse in der Eismaschine einfrieren oder als Vanillesauce verwenden.

Für 4 Personen

Pudding
45 g Butter
15 g Rosinen
1 Tasse schwarzer Tee
1 Baguette (280 g)
375 ml Milch
375 ml Sahne
1 Vanilleschote
1 Prise Salz
5 Eier
160 g Zucker
30 g Aprikosenkonfitüre

Pflaumenkompott
18 Backpflaumen
50 ml Orangensaft
Vanillemark von
einer ¼ Vanillestange
etwas geriebene Orangen- und Zitronenschale

Vanillesauce (Grundeismasse)
200 ml Milch
200 ml Sahne
2 Vanilleschoten
5 Eigelbe
80 g Zucker

Tipp

Das „Abziehen" der Vanillesaucemasse darf auf keinen Fall zu schnell erfolgen. Die Masse muss bis zum richtigen Zeitpunkt – nämlich bis zu einer dicklichen Sämigkeit – gerührt werden. Wird die Masse zu wenig gerührt, so bleibt die Sauce zu dünn bzw. das Eis hat nicht die gewünschte Cremigkeit. Wird die Masse hingegen zu lange gerührt, gerinnt das Eigelb und die Sauce bzw. das Eis wird klumpig. Besonders gut passt zu dem Vanillerahmeis ein bisschen geriebenes und frisch geröstetes Pumpernickel – einfach über das Eis streuen – fertig.

Ragout von Banane, Ananas und Ingwer

mit Piña Colada-Sorbet

Für 4 Personen

Piña Colada-Sorbet
150 g Kokospüree
100 g Kokosmilch
150 g frischer Ananassaft
40 ml Batida de Coco
80 ml Sekt
20 ml Limonensaft
20 ml weißer Rum
70 g Puderzucker

Ragout von Banane, Ananas und Ingwer
250 g vollreife Ananas
60 ml frischer Ananassaft
20 ml Limonensaft
120 g feste Banane
40 ml Saft von frisch geriebenem Ingwer

1. Aus Kokospüree, Kokosmilch, frischem Ananassaft, Batida de Coco, Sekt, Limonensaft, weißem Rum und Puderzucker eine cremige Sorbetmasse herstellen. Die Rezeptur kann nach Geschmack variiert werden, darf aber nicht zu viel Zucker und Alkohol enthalten, da sie sonst nicht gut gefriert. Es kann auch der Ananas- oder Kokosanteil erhöht und zusätzlich etwas Zitronengras und Limonenblätter zum Aromatisieren dazugegeben werden.

2. Die Ananas schälen und in sehr feine Würfelchen schneiden, dann in einem Topf kurz anschwitzen und mit etwas Ananassaft und etwas Limonensaft ablöschen. Nur einmal kurz aufkochen. Den Ananassaft sparsam verwenden, denn die Ananaswürfelchen sollen nicht schwimmen. Die Banane schälen, ebenfalls in Würfelchen schneiden, sofort zu der noch warmen Ananasmischung geben und dann alles rasch abkühlen. Die Ananas-Bananen-Mischung mit frisch geriebenem Ingwersaft abschmecken. Den Ingwersaft vorsichtig dosieren, damit das Ganze nicht zu scharf wird.

3. Zwei Esslöffel Banane-Ananas-Ingwer-Ragout in ein Martiniglas geben und darauf dann eine große Kugel Piña Colada-Sorbet. Mit Ananasblättern garnieren. Ebenfalls kann man als kleine Beigabe gebratene Ananas- und Bananenwürfel sowie kandierte Ingwerstreifen dazugeben.

Warmer Walnussauflauf

mit Ebereschenpüree und Sylter Heidehonig-Eis

1. Die Butter mit dem Puderzucker schaumig rühren, dabei etwas Butter für die Förmchen übrig lassen; nach und nach die Eigelbe dazugeben. Walnüsse, Biskuitbrösel und Schokoladenwürfel unterziehen. Dann Eiweiß und Zucker steif schlagen und mit der Prise Salz vorsichtig unterheben. Kleine Kaffeetassen oder Metallförmchen buttern und mit Biskuitbröseln ausstreuen, dann die Auflaufmasse bis ca. 2 cm unter den Rand einfüllen. Im Wasserbad im Ofen bei 190 °C ca. 16 bis 20 Minuten backen. Vor dem Stürzen etwa 2–3 Minuten stehen lassen.

2. Die Ebereschen kurz waschen, dann erst von den Stielen befreien und sofort in einen Topf geben. Den Honig dazugeben und beides vorsichtig im Topf erhitzen. Darauf achten, dass der Honig nicht anbrennt. Jetzt mit dem Martini und dem Sekt ablöschen, kurz kochen lassen und dann den Orangensaft sowie ein paar Spritzer Zitrone und die Vanilleschote dazugeben. Nun nochmals kurz aufkochen, eine halbe Stunde ziehen lassen und dann durch ein feines Sieb passieren.

3. Die Sahne, Milch und die Vanilleschoten aufkochen und 5 Minuten ziehen lassen. Die Eigelbe und den Heidehonig kräftig schaumig rühren, bis die Masse fast weiß ist. Nun die heiße Sahne-Milch-Mischung auf die Eigelb-Honigmischung geben, gut verrühren und im Topf bei schwacher Hitze abziehen, d.h. so lange unter ständigem Rühren erhitzen, bis die Masse dicklich wird. Die Creme sofort durch ein Sieb geben, die Vanilleschote gründlich ausdrücken, auskühlen lassen und in der Eismaschine frieren.

4. Den Walnussauflauf stürzen, wieder umdrehen, damit die gebackene Seite oben ist und ganz leicht mit Puderzucker bestäuben – einen dicken Streifen Ebereschenpüree danebengeben und zusammen mit dem Heidehonig-Eis servieren.

Tipp

Das Ebereschenpüree nicht mixen – wenn die Kerne geschnitten werden, wird alles bitter. Das Ebereschenpüree soll auch keinesfalls süß sein. Fruchtig herb mit einem leichten Aprikosen-Bittermandelgeschmack – so soll es schmecken.

Für 4 Personen

Walnussauflauf
70 g weiche Butter
35 g Puderzucker
4 Eigelbe
70 g frisch geröstete und fein gehackte Walnüsse
50 g Biskuitbrösel
50 g Edelbitter Schokolade in kleine Würfel geschnitten
4 Eiweiß
35 g Zucker
ganz kleine Prise Salz

Ebereschenpüree
400 g frisch gezupfte weiche Ebereschen
2 EL milder Honig
60 ml trockener Martini
100 ml trockener Sekt
100 g frisch gepresster Orangensaft
einige Spritzer Zitrone
¼ Vanilleschote

Heidehonig-Eis
250 ml Sahne
250 ml Milch
2 Vanilleschoten
6 Eigelbe
100 g feinster Heidehonig

Dreierlei gebrannte Creme

von der Ziegenmilch

Für 4 Personen
Gefrierzeit: eine Nacht

Vanillecreme
125 ml Ziegenmilch
125 ml Sahne
80 g Zucker
1 EL Crème fraîche
1 Vanilleschote
1 ganzes Ei
2 Eigelbe

Eisenkrautcreme
125 ml Ziegenmilch
125 ml Sahne
80 g Zucker
1 EL Crème fraîche
4 Stiele Eisenkraut, frisch
1 ganzes Ei
2 Eigelbe

Cappuccinocreme
125 ml Ziegenmilch
125 ml Sahne
80 g Zucker
1 EL Crème fraîche
2–3 EL löslicher Kaffee
1 EL Tia Maria (Kaffeelikör)
1 Ei
2 Eigelbe

brauner Zucker
¼ Bund Minze

1. Die Produktion der Cremes ist sehr ähnlich, so dass immer zuerst die Milch mit der Sahne, dem Zucker und der Crème fraîche erwärmt wird.

2. Für die Vanillecreme die ausgekratzte Vanilleschote, für die Eisenkrautcreme das frische Eisenkraut darin ausziehen lassen; für die Cappuccinocreme den löslichen Kaffee auflösen und mit dem Tia Maria-Likör der Creme vermischen.

3. Die so entstandenen drei Cremes mit den verschiedenen Geschmacksrichtungen etwas abkühlen und jetzt die bereits zerschlagenen Eier und Eigelbe jeweils untermengen.

4. Jede Masse durch ein feines Sieb passieren und in Mokkatassen oder kleine Gläschen abfüllen. Die Gefäße bei 100 °C im Ofen ca. 45 Minuten gar ziehen und die Cremes mindestens eine Nacht auskühlen lassen. Dann mit braunem Zucker bestreuen und mit dem Bunsenbrenner karamellisieren. Mit den Minzeblättern dekorieren.

Waldbeereistöpfchen

mit Rieslingsekt

1. Das Ei und den Zucker kräftig schaumig rühren. Den Weizenpuder, das Mehl und das Backpulver vorsichtig einrühren, es dürfen sich keine Klümpchen bilden. Das Salz und die flüssige Butter vorsichtig unterheben. Den Teig 3 cm hoch auf ein Backblech streichen und im auf 190 °C vorgeheizten Backofen ca. 12 bis 16 Minuten backen.

2. Die Eigelbe und den Puderzucker in einer Metallschüssel über dem Wasserbad kräftig aufschlagen – die Mischung muss weiß und cremig sein. Dann die Masse auf Eiswasser wieder kaltrühren, dabei den Rieslingsekt tröpfchenweise dazugeben. Die Rieslingsektcreme nach und nach in die aufgeschlagene Crème fraîche rühren, dann die in kaltem Wasser eingeweichte, ausgedrückte Blattgelatine unterziehen. Das Sabayon in ein gut gekühltes Gefäß füllen.

3. Für das Beerenmark alle Zutaten kurz anmixen und durch ein feines Sieb streichen. Kleine Biskuitscheiben (0,5 cm dick) mit einem Ring ausstechen und in Gläschen oder Töpfchen legen. Jede Biskuitscheibe mit Waldbeermark tränken, dann mit dem Rieslingsekt-Sabayon auffüllen. Die Töpfchen etwa 2 Stunden im Gefrierfach anfrieren.

4. Auf die gefrorenen Töpfchen wieder je eine dünne Biskuitscheibe auflegen und mit Waldbeermark tränken. Die Töpfchen nochmals ca. 8 Stunden in das Gefrierfach geben, kurz vor dem Servieren nochmals mit Waldbeermark beträufeln und mit frischen Beeren garnieren.

Für 4-8 Personen
Muss 10 Stunden im Gefrierfach stehen

Biskuit
100 g Vollei oder 2 kleine Eier
60 g Zucker
40 g Weizenpuder oder Weizenstärke
40 g Mehl
1 Prise Backpulver
1 kleine Prise Salz
20 g flüssige warme Butter

Rieslingsekt-Sabayon
3 Eigelbe
50 g Puderzucker
80 ml Rieslingsekt
130 g aufgeschlagene Crème fraîche
½ Blatt Gelatine

Beerenmark
100 g gemischte Waldbeeren (Brombeeren, Heidelbeeren, Walderdbeeren)
½ TL Puderzucker
1 TL Zitronensaft
40 ml Himbeerlikör

frische Beeren zum Garnieren

Tipp

Dieses Dessert lässt sich gut vorbereiten und 2-3 Tage im Gefrierfach aufbewahren. Außerdem lässt sich das Rezept auch sehr gut mit Brombeeren, Kirschen und Aprikosen herstellen.

REGISTER

Ananas
Ragout von Banane,
Ananas und Ingwer — 119

Apfel
Apfel-Bohnen-Specksalat — 38

Aprikosen
gepfefferte Aprikosen — 84

Artischocken
Artischockensalat — 100

Austern
Austernbernaise — 77
Sylter Royal Austern — 45

Banane
Ragout von Banane,
Ananas und Ingwer — 119

Champignons
Wiesenchampignon-Rahmsuppe — 65
Gebratene Champignons — 92

Couscous — 73

Curry
Cremesüppchen von grünem Curry — 56

Eberesche
Ebereschenpüree — 120

Erbsen
Erbsencreme — 84

Gänsestopfleber
Gänsestopfleberterrine — 46
Gänsestopflebermousse — 46

Gemüse
Geeistes pikantes Gemüsesüppchen — 61
Schmorgemüse — 88

Honig
Heidehonigeis — 120

Hornhecht — 74

Huhn
Salzwiesenhuhn — 92
Gesottenes Hünchen — 95

Hummer
Hummersüppchen — 59

Ingwer
Ragout von Banane, Ananas
und Ingwer — 119

Kabeljau
Kabeljau auf Kartoffel-Olivencreme — 70

Kaffee
Rostkaffeesauce — 84
Maiseis auf Kaffeegelee — 115
Cappuccinocreme — 123

Kalbfleisch
Kross gebratener Kalbsbauch — 87

Kaninchen
Gefülltes Kaninchen — 83

Karotten
Geschmorte Karotten — 95

Kartoffel
Kartoffel-Feuilleté — 38
Stampfkartoffel — 41, 74, 99
Kartoffel-Olivencreme — 70
Kartoffelravioli mit Schafsfrischkäse — 99

Kopfsalat
Kopfsalatcreme-Sauce — 69

Krabbe
Croustillant von der Königskrabbe — 48
Krabbensud — 74

Lamm
Salzwiesenlammkarree — 91

Maibock
Maibock mit Gewürzpaste — 84

Mais
Maiseis — 115

Makrele
Makrele Variation
von der Sylter Makrele — 41
Makrelentatar — 41
Gebratene Makrele — 41
Gebratene Makrelenröllchen — 42
Geräucherte Makrele — 42
Carpaccio von der Makrele — 43

Meeräsche
Gebratene Meeräsche — 49, 77

Meerforelle
Gebratene Meerforelle — 69

Meerrettich-Creme — 41

Muscheln
Blaumuscheln, gebratene — 56
Jakobsmuscheln auf
jungem Zwiebellauch — 78

Nudelrisotto — 103

Paprika
Geschmorte Paprika — 70

Pfifferlinge
Pfifferlings-Consommé — 60
Kleine Pfifferlings-Arie — 104
Pfifferlings-Lasagne — 104
Grießnocken mit Pfifferlingen — 106
Pfifferlings-Ravioli — 106

Pilze
Trompetenpilze — 87
Pilzölpaste — 91

Pudding
Friesischer Brot- und Butterpudding — 116

REGISTER

Queller 49, 77

Rote Bete
Marinierte Rote Bete 108

Rübchen
Rübchenkompott 48, 49
Kraut und Rübchen 83

Schafskäse
Kartoffelravioli mit Schafskäse 99

Schalotten
Schalottenkompott 46
Geschmorte Schalotten 91

Schnecken
Schneckensauce 50
Cremesüppchen von
Meeresschnecken 55

Sellerie
Gebratener Sellerie 87

Spargel
Nudelrisotto mit grünem Spargel 103

Spinat
Spinatcreme-Süppchen 60
Wildkräuterspinat 92

Steinbutt
Steinbutt an der Gräte gegart 73

Tafelspitz
Rosa gegarter Tafelspitz 88

Tomaten
Pikante eingelegte Kirschtomaten 111

Vanille
Vanillesauce 116
Vanillecreme 123

Waldbeeren
Waldbeereistöpfchen 124

Walnuss
Walnussauflauf 120

Wildkräuter
Wildkräutersalat 38
Wildkräuter-Cremesüppchen
Wildkräuterspinat 92

Zwiebeln, Perlzwiebeln 91

Impressum

Johannes King
2007 © Bibliothek der Köche für die Süddeutsche Zeitung Edition,
Süddeutsche Zeitung GmbH, München

Fotografie: Bernd Grundmann
Texte: Ingo Swoboda
Rezepte: Johannes King
Art Director: Eberhard Wolf
Grafik: Julia Wolf
Konzept: Jürgen Welte, Collection Rolf Heyne, München
Projektmanagement: Gabriella Hoffmann
Projektleitung: Dirk Rumberg

Litho: JournalMedia GmbH, München
Herstellung: Hermann Weixler, Thekla Neseker
Druck und Bindung: Holzhausen Druck & Medien GmbH, Wien

Die Informationen und Daten dieses Buches wurden mit äußerster Sorgfalt recherchiert und überprüft.
Dennoch kann keine Gewähr für die Richtigkeit der Angaben übernommen werden.

Das Werk einschließlich aller seiner Teile ist urheberrechtlich geschützt. Jede Verwendung außerhalb der
Grenzen der Urheberrechtsgesetzes ist ohne Zustimmung des Verlags unzulässig und strafbar.

Printed in Austria
ISBN: 978-3-86615-552-7

Süddeutsche Zeitung Shop

Für Genießer
Die ersten 10 der 20 Bände der **Bibliothek der Köche** auf einen Blick:

DIETER MÜLLER & NILS HENKEL
Bergisches Land, ISBN: 978-3-86615-551-0

JOHANNES KING
Sylt, ISBN: 978-3-86615-552-7

HARALD RÜSSEL
Mosel, ISBN: 978-3-86615-553-4

MARTIN FAUSTER
München, ISBN: 978-3-86615-554-1

MARTIN GÖSCHEL
Frankfurt, ISBN: 978-3-86615-555-8

ALI GÜNGÖRMÜS
Hamburg, ISBN: 978-3-86615-556-5

THOMAS KELLERMANN
Berlin, ISBN: 978-3-86615-557-2

JÖRG GLAUBEN
Pfalz, ISBN: 978-3-86615-558-9

ERIC MENCHON
Köln, ISBN: 978-3-86615-559-6

ALEXANDER HERRMANN
Oberfranken, ISBN: 978-3-86615-560-2

Jeder Einzelband der Bibliothek der Köche ist erhältlich für 14,95 Euro, die komplette Bibliothek der Köche für nur 11,– Euro pro Band (220,– Euro statt 299,– Euro bei Abnahme aller 20 Bände)

im Internet unter www.sz-shop.de
oder per Telefon unter 01805–262167 (0,14 Euro/Min. aus dem dt. Festnetz, abweichender Mobilfunktarif möglich.)

Weine, die berühren.

Betreten Sie neues Weinland:
eine Entdeckungsreise in die Welt
herausragender Weine zusammengestellt
von ausgewiesenen Weinkennern
für die Süddeutsche Zeitung.

Bestellen Sie unter 01805–45 59 06*
oder im Internet unter www.sz-vinothek.de,
wo Sie detaillierte Informationen
zu allen Weinen erhalten.

(* 0,14 Euro /Min. aus dem dt. Festnetz, abweichender Mobilfunktarif möglich.)